KIRSCH

Erfolg bei Bürgermeisterwahlen

Erfolg bei Bürgermeisterwahlen

Analysen und Strategien

Steffen Kirsch
Politikwissenschaftler, Parlamentarischer Referent

Steffen Kirsch, M. A., M. P. M., geb. 1981, ist Politikwissenschaftler und Parlamentarischer Referent sowie Leiter eines Abgeordnetenbüros im Landtag von Baden-Württemberg. Er hat langjährige Erfahrungen in der Kommunalpolitik, unter anderem als Fraktionsvorsitzender im Gemeinderat seiner Heimatstadt Remseck am Neckar.

Bibliografische Information der Deutschen Nationalbibliothek | Die Deutsche Nationalbibliothek verzeichnet diese Publikation in der Deutschen Nationalbibliografie; detaillierte bibliografische Daten sind im Internet über www.dnb.de abrufbar.

1. Auflage, 2023

ISBN 978-3-415-07523-8

Titelfoto: © fotomowo – stock.adobe.com | Satz: abavo GmbH, Nebelhornstraße 8, 86807 Buchloe | Druck und Bindung: Vereinigte Druckereibetriebe Laupp & Göbel GmbH, Robert-Bosch-Straße 42, 72810 Gomaringen

Richard Boorberg Verlag GmbH & Co KG | Scharrstraße 2 | 70563 Stuttgart
Stuttgart | München | Hannover | Berlin | Weimar | Dresden
www.boorberg.de

Vorwort

Wahlen gehören zu den faszinierendsten und spannendsten Erscheinungen der Demokratie. Trotz bester Bemühungen der Wahlforschung stirbt das Überraschungselement bei Wahlergebnissen nicht aus. Eine Kristallkugel wird auch dieses Buch nicht ersetzen können, aber einige Erkenntnisse aus der Verbindung der quantitativen Analyse von über 2.500 Wahlen mit drei Fallstudien können gewonnen werden. Grundlage dieses Buches ist eine politikwissenschaftliche Masterarbeit, deren Datenbasis ich im Laufe der Jahre ergänzt habe. Die Datenbasis entstammt dem *Staatsanzeiger*, der seit 2005 die Ergebnisse aller Bürgermeisterwahlen in Baden-Württemberg veröffentlicht. Das vorliegende Buch wäre ohne diese – auch jenseits dessen lesenswerte – Quelle nicht möglich gewesen. Deshalb gilt mein Dank dem *Staatsanzeiger* sowie meiner Frau Kerstin für die stete Ermutigung und ihre Geduld.

Im Sommer 2023 Der Verfasser

Inhaltsverzeichnis

A. Einleitung

Der Wahlabend ist der Kulminationspunkt jeder Wahl. Um 18:00 Uhr schließen die Wahllokale, es beginnt das Warten bis zum Eintreffen der Ergebnisse. Anhänger scharen sich um die Bewerber.[1] Mit dem letzten ausgezählten Wahlbezirk beginnt für den Sieger der Gratulationsreigen der örtlichen Honoratioren sowie der Vertreter der Nachbargemeinden; der Musikverein spielt auf.

Doch für den oder die Sieglosen des Abends endet der Abend mit dem Eingeständnis einer Niederlage. Nicht wiedergewählte Amtsinhaber blicken oft in eine ungewisse Zukunft – wenngleich in Baden-Württemberg zuletzt verstärkt Anstrengungen unternommen worden sind, Statusverbesserungen wie Rückkehrrechte in den Landesdienst für Beamte und Angestellte des Landes sowie für Richter in das Kommunalrecht aufzunehmen.[2]

In der medialen Berichterstattung nehmen die spektakulären Nichtwiederwahlen breiten Raum ein. Doch es ist unklar, ob sich die Zahl der gescheiterten Wiederwahlen tatsächlich erhöht hat oder ob nur die veränderte Medienlandschaft für einen solchen Eindruck sorgt. Spannend sind auch die Gründe für diese gescheiterten Wiederwahlen.

Bekanntlich stellen die Bürgerinnen und Bürger hohe Anforderungen an die Verwaltungs- und Problemlösungskompetenz der Kandidaten.[3] Werden Bürgermeister also aufgrund dürftiger Leistungsbilanzen abgewählt? Wirkte der Kandidat als Person nicht richtig? Oder geben vielmehr aktuelle politische Moden – als „kurzfristig wirksame kulturelle Programmierungen“ der Stadtgesellschaft – den Ausschlag?[4]

Übersehen wird bei diesen Erklärungsversuchen oftmals die spezifische Eigenart der Aufgabe des Bürgermeisters. Vielleicht führt die Doppelrolle des Bürgermeisters zwischen Politik und Verwaltung auch zu einem Erkenntnisproblem bei den Amtsinhabern – und zwar dahin gehend, dass eine Volkswahl durch „ihre“ Bürger nicht automatisch eine „Bestätigungswahl“ sein *muss*. Auch stellt ein erfahrener Beobachter der kommunalpolitischen Szene des Landes fest: Immer wieder überrasche der Mangel an

1 In diesem Buch wird im Folgenden durchgängig die männliche Form gewählt. Dies geschieht rein aus Gründen der Verständlichkeit und Klarheit.

2 *Stuttgarter Zeitung* v. 03.03.2011; Gesetz zur Änderung kommunalwahlrechtlicher und anderer Vorschriften vom 04.04.2023.

3 *Löffler* 2004, S. 252.

4 *Rohe* 1987, S. 46.

Professionalität selbst bei überregional bedeutsamen Wahlen in großen Städten.[5]

Vor dem Hintergrund der seit Langem geführten Klage über eine nachlassende Anzahl befähigter Kandidaten[6] sowie des komplexer werdenden Anforderungsprofils des Amtes lohnt es sich daher, zu untersuchen, welche Aussagen sich jenseits des Einzelfalles tatsächlich über die Wahlstatistik zu Bürgermeisterwahlen treffen lassen. Wird das Amt zum Schleudersitz, ist die Bürgerschaft wahlmüde?

Der Schwerpunkt des vorliegenden Buches liegt auf der politischen Situation und Rechtslage in Baden-Württemberg. Die strategischen Hinweise und Ratschläge, die aus der empirischen Untersuchung gewonnen werden, sind jedoch *cum grano salis* auch in anderen politischen Umgebungen anwendbar.

Dieses Buch analysiert zum einen die Bürgermeisterwahlen in Baden-Württemberg zwischen 2005 und 2022. Zum anderen werden aus der Analyse dreier Fallstudien zu Abwahlen von Amtsinhabern konkrete Erfolgsfaktoren und strategische Tipps abgeleitet, um die Hürde der erstmaligen Wahl oder der Wiederwahl zu meistern.

Dazu wird in einem ersten Schritt der analytisch-konzeptionelle Rahmen für die späteren empirischen Untersuchungen von Bürgermeisterwahlen dargestellt. Er umfasst sowohl die jeweilige politische Kultur als auch die rechtlichen und politischen Besonderheiten der Rolle des Bürgermeisters (Kap. B).

Das daran anschließende Kapitel beschäftigt sich mit der Strategie in Wahlsituationen. Dabei wird die Planung einer Wahlkampfstrategie zunächst unter Berücksichtigung der wahlentscheidenden Orientierungen der Wähler sowie anschließend mit Blick auf die Kontextfaktoren der spezifischen Wahlsituation und die Rolle der lokalen Akteure untersucht (Kap. C).

Im darauffolgenden Kapitel werden sämtliche Bürgermeisterwahlen in Baden-Württemberg aus den Jahren 2005 bis 2022 einer quantitativ-empirischen Analyse unterzogen, wobei insbesondere nach allgemeinen Tendenzen, der Ausprägung von Wahlergebnissen sowie der Entwicklung von Abwahlen und Neuwahlen im Zeitverlauf gefragt wird (Kap. D).

Im Anschluss an diese eher deskriptiven Betrachtungen werden Variablen wie die Kandidatenzahl, Wahlbeteiligung, Wahltermine, Steuererhöhungen

---

5 *Löffler* 2016, S. 29.

6 *Roth* 1998, S. 7.

und die Coronapandemie als mögliche Einflussfaktoren auf den Wahlausgang in den Blick genommen (Kap. E).

Im qualitativen Teil der Darstellung werden im Rahmen von vertiefenden Fallstudien drei (Ober-)Bürgermeisterwahlen aus den Jahren zwischen 2014 und 2018, die allesamt mit einer Abwahl des Amtsinhabers endeten, eingehend auf ihre jeweiligen Besonderheiten hin untersucht (Kap. F). Es folgen aus diesen Fallstudien abgeleitete Handlungsempfehlungen für Kandidaten (Kap. G). Eine Reihe von Schlussbetrachtungen rundet das Buch ab (Kap. H).

B. Ein analytisch-konzeptioneller Rahmen zur Untersuchung von Bürgermeisterwahlen

Eine Erklärung von Wahlergebnissen rein über den „Faktor Mensch" wäre aus politikwissenschaftlicher Sicht unbefriedigend, wenngleich individuelle, in der Person der Kandidaten liegende Faktoren durchaus einen starken Einfluss haben mögen.[7] Um in dieser Frage zu einem differenzierteren Bild gelangen zu können, wird im Folgenden ein theoretischer Zugang zur Analyse von Bürgermeisterwahlen entwickelt. Zuerst wird dazu die Entwicklung der politikwissenschaftlichen Beschäftigung mit Kommunalpolitik und des Forschungsfeldes der Politischen Kultur dargestellt. Auch wird der grundlegenden Frage nachgegangen, ob es ein eigenständiges kommunales Wahlhandeln gibt, da von der Beantwortung dieser Frage weitere Überlegungen abhängen. Sollte die Antwort auf diese Frage negativ ausfallen, müsste folgerichtig das bundes- und landespolitische Umfeld viel stärker berücksichtigt werden. Anschließend wird der Begriff der „politischen Kultur" diskutiert, mit dessen Hilfe insbesondere der lokale Kontext solcher Wahlen erhellt werden kann. Zuletzt werden methodische Fragen zu Bürgermeisterwahlen und die Rolle des Bürgermeisters im kommunalpolitischen System Baden-Württembergs erörtert.

I. Die Entwicklung der Forschung zu Bürgermeisterwahlen

Die politikwissenschaftliche Beschäftigung mit der Kommunalpolitik setzte in Deutschland nur zögerlich ein. Kommunalpolitik wurde bis in die 1960er-Jahre hinein routinemäßig als ein unpolitisches, mithin ideologisch neutrales Verwaltungshandeln betrachtet.[8] So formulierte *Theodor Eschenburg* in einem Zeitungsartikel den oft zitierten Satz:

> *„Es gibt keine christliche Straßenbeleuchtung und keine sozialistischen Bedürfnisanstalten."*[9]

Hintergrund und Anlass seines Beitrags war allerdings die kritische Bewertung von Kommunalwahlgesetzen, die parteifreie Wählergruppierungen benachteiligen sollten.

---

7 *Holtkamp* 2008, S. 135.

8 *Holtkamp* 2008, S. 169 f.

9 *Die Zeit* v. 30.10.1959.

Eine normativ stark am Parteienwettbewerb als wünschenswertes Gut ausgerichtete Politikwissenschaft mit stark sozialdemokratischem bzw. jungsozialistischem Gestaltungsanspruch wandte sich in den 1960er-Jahren gegen ein Verständnis von Kommunalpolitik als „Naturschutzpark", der vor einem Zugriff der Parteien geschützt werden müsse.[10] Normativ leitend war hierbei die Sorge, dass politisch „rückständige", kommunalpolitisch führende Gruppen dem gesellschaftlichen Fortschritt im Wege stünden. Diese Sicht betrachtet den parteipolitischen Wettbewerb daher nicht als möglichst zu vermeidenden Parteienstreit, sondern als eine notwendige Voraussetzung, um politische Veränderungen auch auf der Ebene der Gemeinden anstoßen und politische Verantwortung klar zuordnen zu können.[11]

Im Folgenden wird der derzeitige Forschungsstand zu Bürgermeisterwahlen und dem hier verwendeten Ansatz der regionalen politischen Kultur dargestellt.

1. Bürgermeisterwahlen: Ein Literaturbericht

Thomas Schwarz, Leiter des Statistischen Amtes der Landeshauptstadt Stuttgart, analysiert in einem Beitrag die baden-württembergischen Bürgermeisterwahlen der Jahre 2010 bis 2015 auf der Grundlage von Angaben des *Staatsanzeigers*. Sein lakonisches Fazit lautet:

> *„Bürgermeisterwahlen sind ein eher unerforschtes Feld."*[12]

2019 veröffentlichte *Schwarz* eine weitere Untersuchung der Bürgermeisterwahlen in Baden-Württemberg, diesmal über den Zeitraum von 2010 bis 2017.[13]

Die im engeren Sinne politikwissenschaftliche Beschäftigung mit Bürgermeisterwahlen in Baden-Württemberg ist untrennbar mit dem Werk *Hans-Georg Wehlings* verbunden. Die grundlegende Arbeit zum Thema stammt von *Wehling* und *Hans-Jörg Sievert* aus dem Jahr 1984 und trägt den Titel „Der Bürgermeister in Baden-Württemberg".[14] Diese Arbeit widmete sich zum ersten Mal dem südwestdeutschen Bürgermeister in all seinen Facetten. Neben dieser zum Standardwerk avancierten Monografie umfasst *Wehlings* Forschungsarbeit aber auch eine Reihe von Artikeln und Kommentierungen zum Thema. Zudem hat er ein in Bezug auf Bürgermeisterwahlen

10 *Naßmacher/Naßmacher* 2007, S. 26.

11 *Naßmacher/Naßmacher* 2007, S. 26.

12 *Schwarz* 2017.

13 *Schwarz* 2019.

14 *Wehling/Siewert* 1984.

vom Muster Alt-Württembergs[15] abweichendes „Baden-Profil“ definiert.[16] Der Einfluss *Wehlings* auf die wissenschaftliche Erschließung und Durchdringung dieses Themas kann kaum überschätzt werden. So wurden drei weitere, thematisch einschlägige Dissertationsschriften von *Berthold Löffler* und *Walter Rogg*[17], *Timm Kern*[18] und *Alexandra Klein*[19] von ihm betreut. *Kern* und *Klein* haben Daten über die Wahlen systematisch durch Vollerhebungen erfasst. Dabei kommt *Klein* auf 2.730 von ca. 3.100 Wahlen im Zeitraum von 1990 bis 2009. *Kern* erhebt die Anzahl der Wahlen und die Wahlergebnisse von 1973 bis 2003 mit dem Anspruch auf Vollständigkeit.[20] Die beiden Arbeiten sind in Zusammenarbeit mit dem Verband baden-württembergischer Bürgermeister entstanden, da die Befragungen von amtierenden Bürgermeistern nur auf diese Weise sinnvoll realisierbar waren.

Kern führt die untersuchten Abwahlen von Bürgermeistern systematisch auf Verstöße gegen zwei von diesen gleichzeitig zu erfüllende Gebote zurück: das der *Projektion* und das der *Identifikation*. Der Bürgermeister solle wünschenswerte Eigenschaften in Bezug auf Führungskompetenz, Sachkunde und Wahrung des örtlichen Friedens ausstrahlen (Projektion) sowie gleichzeitig mit Leib und Seele selbst Bürger – „einer von uns“ – sein (Identifikation).[21]

Wissenschaftlich fundiert, aber vorrangig an einen Adressatenkreis von Interessenten für Bürgermeisterkandidaturen gerichtet, sind Veröffentlichungen von *Paul Witt*, emeritierter Rektor der Hochschule Kehl (einer der zwei „Bürgermeister-Schmieden“ im Land).[22]

Norbert Roth formuliert seine Untersuchung über die Situation der Bürgermeister in Baden-Württemberg aus einer wahrnehmbaren Verbandslobbyposition, nämlich aus der des bereits erwähnten Verbands der baden-württembergischen Bürgermeister, heraus.[23] *David Gehne* beschreibt die Aufgaben des Bürgermeisters im Spannungsfeld zwischen Verwaltung, Rat und

---

15 Das protestantische Herzogtum Württemberg in den Grenzen von 1803. Auch sind die Grenzen der heutigen vier Regierungsbezirke nicht mit den alten Landesgrenzen zwischen Baden und Württemberg identisch, was die Komplexität einer politischen Geografie noch weiter verstärkt.

16 *Wehling* 1987, S. 261.

17 *Löffler/Rogg* 1985.

18 *Kern* 2008.

19 *Klein* 2013.

20 *Kern* 2008, S. 31 f.

21 *Kern* 2008, S. 227–230.

22 *Witt* 2010, 2016.

23 *Roth* 1998.

Bürgerschaft in einer bundesweiten Perspektive.[24] *Lars Holtkamp* und *Jörg Bogumil* untersuchen in verschiedenen Arbeiten die Rolle und Funktion des Bürgermeisters im Rahmen der unterschiedlichen, konsens- oder konfrontationsorientierten Wettbewerbssituationen der Kommunalverfassungen.[25] *Erich Holzwarth*, langjähriger Referent für Bürgermeisterwahlen der SPD Baden-Württemberg, untersucht in seiner 2016 veröffentlichten Dissertation Erfolgsfaktoren bei 44 Oberbürgermeisterwahlen.[26] In einem von ihm herausgegebenen Sammelband „Bürgermeisterwahlen gewinnen" aus dem Jahr 2023 kommen Praktiker und Wissenschaftler zu den unterschiedlichsten Wahlkampfaspekten in ähnlicher Form wie bei *Witt* zu Wort.[27]

Andere Arbeiten thematisieren den Performanz-Unterschied zwischen den von der Bürgerschaft direkt gewählten Bürgermeistern im System der süddeutschen Ratsverfassung und anderen kommunalpolitischen Systemen.[28] So ist die bei *Dieter Schimanke* titelgebende Frage „Stadtdirektor oder Bürgermeister?" seit den 1990er-Jahren politisch zugunsten des Bürgermeisters beantwortet.[29]

Die jüngste einschlägige Publikation stammt von *Vinzenz Huzel*[30], der in seiner Dissertation „das Amt im Umbruch" – so der Untertitel des Werks – sieht.

2. Politische Kultur

Politische Kultur umfasst die Einstellungen der Bürger sowie der Regierenden gegenüber ihrem politischen System. Sie beschäftigt sich insbesondere mit der Kontextabhängigkeit von Einstellungen zum politischen System. *Manfred G. Schmidt* spricht von der „Gesamtheit der Werte, Glaubensüberzeugungen und Einstellungen (values, beliefs, feelings) der Bürger gegenüber den politischen Institutionen, den politischen Vorgängen und der Staatstätigkeit".[31]

Die Forschung zur politischen Kultur ist in der Tradition von *Gabriel Almond* und *Sidney Verba* bis heute sehr wirkmächtig geblieben.[32] Untersu-

24 *Gehne* 2012.

25 Siehe v. a. *Bogumil/Holtkamp* 2016.

26 *Holzwarth* 2016.

27 *Holzwarth* 2023.

28 *Holtkamp* 2008; *Wehling* 2012.

29 *Schimanke* 1989.

30 *Huzel* 2019.

31 *Schmidt* 2004, S. 549 f.

32 *Almond/Verba* 1963.

chungsebene ist dabei in der Regel der Nationalstaat: „the particular distribution of patterns of orientation towards political objects among the members of the nation“.[33] Dies wird von Vertretern regional- und landespolitisch angelegter Untersuchungen kritisiert.[34]

Eine qualitativ arbeitende Perspektive auf politische Kultur ist mit *Karl Rohe* und *Hans-Georg Wehling* verbunden.[35] Aus Sicht von *Rohe* wird durch die Politische Kulturforschung eine klaffende Lücke innerhalb der Politikwissenschaft geschlossen – die Suche nach dem „Sinn, der sinnfällig werden muss“. [36]

Regionale Untersuchungen von *Wehling* zum Thema existieren bezogen auf Oberschwaben[37] oder Württemberg.[38] Auch *Sylvia Greiffenhagen* und *Berthold Löffler* haben Überlegungen zur politischen Kultur veröffentlicht.[39]

3. Existenz eines eigenständigen kommunalen Wahlverhaltens

Doch welche grundlegenden Aussagen können über das Wahlverhalten im kommunalen Bereich gemacht werden? Dies beginnt bei der Frage, ob und inwieweit es überhaupt ein spezifisch kommunales Wahlverhalten gibt, das vom Wahlverhalten auf Bundes- oder Landesebene analytisch abzugrenzen wäre. Denn nach der „Konvergenzthese“ ist kommunales Wahlverhalten keineswegs als eigenständiges, von den anderen politischen Ebenen losgelöstes Phänomen zu betrachten, sondern muss vielmehr als Bestandteil und Folge eines einheitlichen Systems – in den Worten von *Paul Kevenhörster*: als „Reflex gesamtsystemaren Wahlverhaltens“[40] – angesehen werden.

Augenfällige Unterschiede entstehen jedoch bereits durch die unterschiedlichen Wahlbeteiligungen auf den verschiedenen Ebenen. Die „Divergenzhypothese“ sieht die kommunale Wahlentscheidung daher als eigenständig an. Diese beruhe nicht auf Parteiidentifikation, sondern vielmehr auf der Entscheidung für einen bestimmten Kandidaten.[41] Ein möglicher Beleg für die Divergenzhypothese ist die Anwendung des Kumulierens und Panaschierens, also der Mischung der Kandidaten verschiedener Listen. Über-

33 *Almond/Verba* 1963, S. 13.

34 *Lerch* 2014, S. 60 ff.

35 *Rohe* 1990; *Wehling* 1987, 2004.

36 *Rohe* 1990, S. 337.

37 *Wehling* 1995.

38 *Wehling* 1987.

39 *Greiffenhagen* 1987; *Löffler* 2003.

40 *Kevenhörster* 1976, S. 280.

41 *Löffler* 2004, S. 244 f.

einstimmend wird angegeben, dass der Anteil der unverändert abgegebenen Stimmzettel mit der Gemeindegröße ansteigt.[42] Auch sind die Wählervereinigungen mit ihrem Angebot lokaler Honoratioren bei abnehmender Gemeindegröße zunehmend erfolgreich.[43] Betrachtet man die Sitzverteilung in den Gemeinderäten der drei in den Fallstudien untersuchten Gemeinden (Kap. F), ist zudem klar zu erkennen, dass jeweils ein großer Anteil der Gemeinderäte nicht Fraktionen mit Verbindungen zu etablierten, also dem Deutschen Bundestag oder dem Landtag von Baden-Württemberg angehörenden Parteien, angehört. Zum Untersuchungszeitpunkt sind das zwischen 24 und 44 % der Ratsmitglieder. Somit kann *Wehling* und *Löffler/Rogg* darin gefolgt werden, eine eigenständige Spezifik der Wahlentscheidung auf kommunaler Ebene anzunehmen.

II. Anwendung der Politischen Kulturforschung

Aus der Eigenständigkeit der kommunalen Ebene der Wahlentscheidung ergibt sich die Frage, welche Faktoren für die Wahlentscheidungen eine Rolle spielen, wenn es die „große" politische Idee nicht ist. Um diese Frage beantworten zu können, soll hier im Folgenden der Begriff der „politischen Kultur" als konzeptioneller Analyserahmen herangezogen werden.

1. Begriff und Gegenstand der Politischen Kulturforschung

In der Tradition der Civic-Culture-Studie von *Almond* und *Verba* werden die Einstellungen und Orientierungen der Bürger gegenüber dem jeweiligen politischen System bzw. den darin auftretenden Phänomenen analysiert.[44] Diesen Ansatz einer empirisch vorgehenden Politischen Kulturforschung verwenden auch *Oscar Gabriel*, *Frank Brettschneider* und *Angelika Vetter*, um anhand von Faktoren wie der politischen Involvierung und des politischen Vertrauens die Muster bürgerschaftlicher Orientierungen in der Landeshauptstadt Stuttgart zu erforschen.[45] Diesem Ansatz wird hier jedoch nicht gefolgt.

Von Interesse für den vorliegenden Zusammenhang sind vielmehr die Grundhaltungen und Bewertungsmuster, die solchen Einstellungen überhaupt zugrunde liegen.[46] So verbergen sich hinter der politischen Kultur

42 *Kersting* 2014.

43 *Hin/Michel* 2004, *Löffler/Rogg* 1985, S. 14.

44 *Almond/Verba* 1963.

45 *Gabriel/Brettschneider/Vetter* 1997.

46 *Schuppert* 2008, S. 14.

„Grundannahmen über die politische Welt", die ihrerseits mit vielfältigen handlungsleitenden Ideen verknüpft sind.[47]

Für *Gerhard Lehmbruch* besteht eine politische Kultur aus dem

> *„System jener expliziten und impliziten Leitvorstellungen, die sich auf die politischen Handlungszusammenhänge beziehen."*[48]

Greiffenhagen beschreibt die Arbeitsweise der Politischen Kulturforschung als nach den historischen Besonderheiten des kleinteiligen Untersuchungsgegenstandes, nach den Ursachen und Bedingungen von Stabilität und Wandel sowie nach der Weitergabe historischer Erfahrungen und Verhaltungsweisen fragend, um so Faktoren identifizieren zu können, die die Entwicklung der jeweiligen Kommune geprägt haben.[49]

Nach *Rohe* sind die Träger der Kultur gesellschaftliche Kollektive, nicht Individuen. Auch kann sich die Kultur verändern, ist also dynamisch, nicht statisch. Politische Kultur artikuliert demnach eine „kollektive Theorie des Politischen"; sie gibt Antworten und Lösungen auf die politischen Grundprobleme der jeweiligen Gesellschaft im Horizont der Krisenerfahrungen dieser Gruppe.[50] Es handelt sich also um den Rahmen, der das Denken, Handeln und öffentliche Reden politischer Akteure definiert.[51]

Dem steht die Kritik entgegen, dass unklar sei, ob und mit welchem Gewicht die politische Kultur wirke, bzw. ob *innerhalb* derselben Einheit unterschiedlich starke, womöglich gegenläufige Kräfte am Werk seien. Auch wäre möglich, dass der gesellschaftliche Wandel diese Steuerung durch eine langfristig vorhandene politische Kultur aufgelöst und durch Augenblicksorientierungen ersetzt hat.[52] Mit anderen Worten wird das Konzept doppelt angegriffen: Einerseits mit dem Argument, dass die genaue Wirkung der politischen Kultur sich der empirischen Beobachtung entziehe, andererseits mit der Überlegung, dass ihre eher kleinteiligen, historisch gewachsenen Strukturen möglicherweise durch die überwölbende moderne Kultur als Ganze eliminiert werden.

Tiefgreifende Kritik wendet sich an den Stand der Theorie selbst. *Tom Mannewitz* spricht von einem bloßen „Klammerbegriff" und einem „catch-

47 *Rohe* 1996, S. 1.

48 *Lehmbruch* 2003, S. 23.

49 *Greiffenhagen* 1987, S. 267.

50 *Rohe* 1987, S. 40.

51 *Rohe* 2003, S. 111.

52 *Rohe* 2003, S. 124.

all term" für unterschiedliche Gegenstände.[53] *Gert Pickel* kritisiert die oft fehlende analytische Eignung.[54] *Löffler* kritisiert, dass es den einschlägigen Überlegungen an theoretischer Grundlegung fehle.[55] Als eigenen Vorschlag präsentiert er ein Verständnis von politischer Kultur als Inbegriff der kollektiven Identität, die sich wiederum aus einem jeweils prägenden Bild von Geschichte und Gegenwart speist. Zum Bild der Gegenwart gehören dabei auch die die Gesellschaft prägenden Werte. Voraussetzung ist ein „kollektives Gedächtnis", das diese historischen Erfahrungen speichert und in einen Sinnzusammenhang bringt. Dieser Sinnzusammenhang kann legitimierend wirken.[56]

2. Regionale politische Kultur in Baden-Württemberg

Wehling beschreibt politische Kultur als den „Boden unter Verfassung und Institutionen" und definiert sie als einen Gesamtkomplex, der durch geteilte Glaubensüberzeugungen, prägende Werte, akkumuliertes Wissen sowie eingeübte Verhaltensmuster insbesondere im Umgang mit Konflikten gekennzeichnet sei.[57]

Dieses breite Verständnis von politischer Kultur stößt auch auf Kritik im Sinne des bereits angeführten Argumentes der Überlagerung historischer Erfahrungen durch eine alles nivellierende Moderne. Es wird eingewandt, dass z. B. die historische Agrarverfassung in der heutigen Industrie- oder Dienstleistungsgesellschaft mit ihrem modernen Erbrecht im Grunde keine öffentlich bedeutsame Rolle spielen könne, wie auch konfessionell geprägte Strukturfragen infolge des Wertewandels und der weitgehenden Säkularisierung der westlichen Welt bedeutungslos sein müssten.

Diese Kritik geht jedoch implizit davon aus, dass ein bewusstes, explizit gemachtes Verständnis über die Herkunft dieser Traditionen und ihrer Wirkungsweisen notwendig sei. Das ist aber unzutreffend. Traditionslinien können gerade unbewusst in die Gegenwart fortwirken, was hier an zwei Bespielen illustriert werden soll.

So hat etwa die historische Unterscheidung zwischen Realteilungs- und Anerbengebiet deutliche kulturelle Folgen, die in der Kommunalpolitik bis heute an vielen Stellen fortwirken und sichtbar sind. Viele kommunale Pro-

53 *Mannewitz* 2016, S. 36.

54 *Pickel* 2016, S. 47.

55 *Löffler* 2003, S. 127 f.

56 *Löffler* 2003, S. 130 f.

57 *Wehling* 2006, S. 87.

jekte hängen mit Grunderwerb zusammen; eine Vielzahl von Eigentümern erhöht dabei den Verhandlungsaufwand.

Ein anderes augenfälliges kulturelles Zeichen ist die viel stärker gelebte Tradition der „Fasnet“ in historisch katholischen Gemeinden gegenüber ihrem evangelischen Umland. Diese Tradition wird gelebt, ohne dass das Wissen über ihren historischen Zusammenhang notwendig besonders verbreitet oder präsent sein muss.

Die skizzierte unbewusste Wirkung historischer Vorprägungen kann auch durch die Pfadabhängigkeit politischer Entscheidungen verdeutlicht werden. Danach führen Entscheidungssituationen zur Verstetigung von Entscheidungspfaden, die durch positive Rückkoppelungen verstärkt werden.[58] Kommunen, die die Verbindung zu Nachbarkommunen suchen, um gemeinsame Aufgaben zu erledigen, orientieren sich mit hoher Wahrscheinlichkeit an Gemeinden, zu denen bereits Beziehungen bestehen. So wird aus der – für sich genommen heute außerhalb der Heimatpflege uninteressanten – ehemaligen Zusammengehörigkeit zu einer grundherrlichen oder kirchlichen Struktur der Hintergrund für den Abwasser- oder Schulverbund. Kommunen mit gemeinsamer weiterführender Schule sind in der Regel auch untereinander besser mit dem ÖPNV zu erreichen, was wiederum Vereinskooperationen erleichtert.

Auf höherer Ebene stellen die Einflüsse der politischen Kultur auf das Parteiensystem – auf das Selbstbewusstsein und den Machtanspruch von Parteien, welche bestimmte politische Traditionslinien vertreten – einen Transmissionsriemen in die Moderne dar. So verwaltete die CDU in Oberschwaben oder Südbaden einen reichen Erbhof katholisch-regionalistischen Politikerbes, während sie im evangelischen Altwürttemberg eher mit wechselndem Erfolg altliberale Pachtflächen bearbeitete.[59] Südbaden wiederum kann für die Grünen mit als Stammland gesehen werden – nicht nur durch die frühe Verankerung in der Universitätsstadt Freiburg, sondern auch etwa durch den Widerstand gegen den Bau des Kernkraftwerks Wyhl im Kaiserstuhl Mitte der 1970er-Jahre.[60]

Stellt man die Frage, in welchem Kontext Bürgermeisterwahlen in Baden-Württemberg stattfinden, drängen sich also zunächst einmal innerhalb des Bundeslandes ausgetragene Identitäts- und Abgrenzungsfragen auf. Neben dieser raumgeografischen Unterscheidung schlägt *Wehling* eine an der Geschichte der Kommunen orientierte Klassifikation vor. Diese umfasst „die

58 *Pierson* 2008.

59 *Wehling* 2004.

60 *BUND Regionalverband Südlicher Oberrhein* 2018.

geistige, seelische und moralische Verfassung einer Gemeinde", die sich aus den prägenden Erfahrungen im historischen Kontext ergibt.[61]

So sind *Wehling* zufolge unterschiedliche „Selbstverständnisse" zu unterscheiden, die von dörflich-bäuerlich, landstädtisch, kleinstädtisch, reichsstädtisch, residenzstädtisch, kurstädtisch, bis hin zu handels- und industriestädtisch reichen.[62] *Greiffenhagen* hält Reichsstädte in diesem Zusammenhang für partizipationsstärker als Landstädte; es herrsche dort ein reger „Wirtschafts- und Handelsgeist".[63]

Diese Charakterisierungen nach unterschiedlichen politischen Kulturen je nach Geschichte als Residenz- und Industriestadt, Landstadt oder Dorf werden in der Literatur leider kaum weitergedacht und in grundlegendere Analysestrukturen überführt. Auch bleibt unklar, inwieweit die Vielzahl von Klassifikationen, die beliebig erweiterbar sind, überhaupt noch eine Vergleichbarkeit ermöglicht oder ob nicht die 1.101 Kommunen in Baden-Württemberg letztlich ein Nebeneinander von 1.101 Einzelfällen ergeben.

Eine besondere Kultur sieht *Wehling* für Universitätsstädte, in denen die von ihrer Herkunft stark gemischte Bevölkerung in hohem Maße Wahrnehmungs- und Handlungsmuster von außerhalb importiert und deshalb zur ideologischen Aufladung neigt.[64] Aber auch das kann eine politische Kultur eigener Art sein, wenngleich hier die Annahme eines lokalen kollektiven Gedächtnisses nach *Rohe* gerade nicht oder nur in geringerem Maße zuzutreffen scheint.

3. Auswirkungen der regionalen politischen Kultur auf Bürgermeisterwahlen

Als landesweit wirkender Kontextfaktor im Sinne politischer Kultur kommt auch ein historisch gewachsenes Verständnis der Rolle des Bürgermeisters in Betracht. Der historische „Schultes" ist sowohl Vertreter der Bürger gegenüber dem Staat als auch Vertreter der „Obrigkeit" gegenüber der Bürgerschaft. Folgerichtig ist die Fähigkeit, moderierend und ausgleichend zu wirken, zentral für dessen eigenes Rollenverständnis.

Es gilt damit eine Distanz zur Parteipolitik, die jedoch nicht auf eine Parteilosigkeit verkürzt werden darf. Auch Parteimitglieder und Funktionsträger geben sich als Bürgermeisterkandidaten gerne ideologiefern; amtierende Bür-

61 *Wehling* 1995, S. 13.

62 *Löffler* 2016, S. 82.

63 *Greiffenhagen* 1987, S. 271–274.

64 *Wehling* 2012, S. 68.

germeister zeichnet ein instrumentelles Verhältnis zu ihrer Partei aus.[65] Sie nutzen die Möglichkeiten zum „Netzwerken", den „kurzen Draht" oder die Möglichkeit, für den Kreistag und andere Verbandsversammlungen zu kandidieren. Einer Einflussnahme der Partei auf ihre Entscheidungen verwehren sie sich allerdings. Auch wenn Bürgermeistern mittlerweile die parallele Ausübung eines Landtagsmandats verwehrt ist, können nach einer kommunalen Karriere Landtags- oder Bundestagsmandate angestrebt werden. Als Beispiele sind aktuell Michael Theurer (FDP) und Michael Donth (CDU) im Deutschen Bundestag sowie Christiane Staab (CDU) oder Nicolas Fink (SPD) im Landtag zu nennen. Der umgekehrte Weg ist schwieriger. In Großstädten wie der Landeshauptstadt Stuttgart oder Karlsruhe gelang Berufspolitikern vereinzelt der Sprung aus den Parlamenten in das Rathaus, wie etwa dem Landtagsabgeordneten Alexander Maier (Grüne) in der Stadt Göppingen mit 58.000 Einwohnern. In kleineren Städten scheiterten aktive und ehemalige Abgeordnete dagegen deutlich – wie etwa der damalige SPD-Fraktionsvorsitzende Claus Schmiedel in Kornwestheim, die Abgeordneten Ulrich Lusche (CDU) in Lörrach und Nikolaos Sakellariou (SPD) in Gaildorf oder 2016 die frisch abgewählte Abgeordnete Victoria Schmid (CDU) in Niefern-Öschelbronn.

Die vergleichsweise schwache Orientierung an politischen Trennlinien gilt ebenfalls für die Gemeinderäte, die sich im Allgemeinen durch eine geringere Fraktionsdisziplin als in Parlamenten höherer Ebene und durch eine Bereitschaft zum fraktionsübergreifenden, sachorientierten Handeln auszeichnen.[66]

Auch sieht *Wehling* ein spezifisches „Baden-Profil" für Bürgermeisterwahlen mit einer höheren Neigung zu Parteifunktionären, Kandidaten aus dem Ort und Gegenkandidaten aus der jeweiligen Stadtverwaltung – ein Bild, das auch andere Untersuchungen in unterschiedlicher Intensität bestätigt haben.[67]

Eine wirkliche lokale politische Kultur ist durch die Erfahrungen im historischen Kontext gegeben. Diese können je nach politischem Erbe die möglichen Einstellungen gegenüber Kandidaten vorprägen: Ist ein Kandidat aus der Landeshauptstadt Stuttgart ein „neckarpreußischer Eindringling" oder bringt er hauptstädtischen Glanz, will eine Stadtgesellschaft Projekte mit Weltgeltung anstoßen oder steht Zweckmäßigkeit und Sparsamkeit an erster Stelle, legt die kommunale Elite Wert auf einen Oberbürgermeister mit verwaltungsjuristischer Ausbildung und Promotion?[68] Mit *Holzwarth* muss

65 *Wehling* 2022, S. 16.

66 *Wehling* 2010, S. 31 f.

67 *Wehling* 2019, S. 21; *Köser* 2000, S. 165.

68 *Wehling* 2000, S. 177.

allerdings betont werden, dass die regionale politische Kultur die Wahlentscheidung zwar mitbestimmt, sie aber nicht determiniert.[69]

III. Konzeptionelle Grundlagen und Besonderheiten von Wahlen

Wahlen sind in modernen Staatsgebilden „die demokratische Methode schlechthin"[70]; damit ist das Wahlsystem „the most fundamental element of representative democracy"[71]. Einige Begriffe müssen daher genauer gefasst werden, um hier und im Folgenden Missverständnisse durch den Sprachgebrauch auszuschließen. Dies trifft für die Wahltrias „Abwahl, Neuwahl, Wiederwahl" zu und umfasst auch Begriffliches zum Wahlkampf und der Wahlkampfstrategie.

1. Wahltypen: Abwahl, Neuwahl, Wiederwahl

„Abwahl" wird im Kommunalrecht verstanden als die Entfernung eines Amtsinhabers durch Volks- oder Gremienwahl innerhalb der laufenden Wahlperiode. Das baden-württembergische Kommunalrecht kennt diese Möglichkeit nicht. Ein mögliches Eingreifen der Rechtsaufsichtsbehörde ist durch § 128 Abs. 1 GemO normiert:

> *„Wird der Bürgermeister den Anforderungen seines Amts nicht gerecht und treten dadurch so erhebliche Missstände in der Verwaltung ein, dass eine Weiterführung des Amts im öffentlichen Interesse nicht vertretbar ist, kann, wenn andere Maßnahmen nicht ausreichen, die Amtszeit des Bürgermeisters für beendet erklärt werden."*

Die Entscheidung obliegt dem Verwaltungsgericht auf Antrag der Rechtsaufsichtsbehörde. In Publizistik und Politikwissenschaft wird die fehlende Abwahlmöglichkeit kritisiert.[72] Dem steht entgegen, dass die angeführten Beispiele oft im Bereich des persönlichen Verhaltens liegen und weniger im Bereich verletzter Dienstpflichten. Tatsächliche fachliche Fehlleistungen wie nicht eingereichte Haushaltspläne oder pflichtwidriges Handeln werden durchaus von der Rechtsaufsicht sanktioniert, wie z. B. bei der Zurruhesetzung des Bürgermeisters von Pfronstetten im Jahr 2007.[73]

69 *Holzwarth* 2016, S. 24.
70 *Nohlen* 2009, S. 23.
71 *Lijphart* 1995, S. 1.
72 *Frankfurter Allgemeine Zeitung* v. 17.05.2017.
73 *Reutlinger Generalanzeiger* v. 29.03.2008.

In diesem Buch wird der Ausdruck „*Abwahl*“ spezifisch als Synonym für die gescheiterte Wiederwahl eines Amtsinhabers verwendet. Grund hierfür ist die bessere Lesbarkeit: „Abwahl“ statt „gescheiterte Wiederwahl“, „Abwahlquote“ statt einer bindestrichreichen „Gescheiterte-Wiederwahl-Quote“. Auch wird damit die gedankliche Einheit mit dem Adjektiv „abgewählt“ hergestellt.

Der Begriff „Neuwahl“ war bis vor Kurzem in § 45 Abs. 2 GemO a. F. definiert. Kam bei der Wahl des Bürgermeisters im ersten Wahlgang keine Entscheidung zustande, weil kein Bewerber mehr als die Hälfte der gültigen Stimmen auf sich vereinte, fand zwei bis vier Wochen später die Neuwahl, also ein zweiter Wahlgang, statt. Hier genügte die relative Mehrheit. Diese Wahl war offen, d. h., es war keine Stichwahl zwischen Bestplatzierten. Auch war der Zutritt neuer Bewerber möglich. Zum 01.08.2023 änderte sich die Rechtslage. Die Neuwahl wurde durch eine Stichwahl der beiden stimmenstärksten Bewerber ersetzt; auch der Zutritt neuer Bewerber ist nicht mehr möglich. Für die in diesem Buch angestellte Analyse gilt jedoch durchweg noch die alte Rechtslage.[74]

In diesem Buch wird für die Neuwahl i. S. d. § 45 Abs. 2 GemO a. F. der Begriff „zweiter Wahlgang“ verwendet. Der Ausdruck „*Neuwahl*“, so wie er stattdessen hier gebraucht wird, beschreibt demgegenüber eine Wahl, bei der der bisherige Amtsinhaber nicht mehr antritt.

Die Gemeindeordnung unterschied bis 1962 bei den Amtszeiten zwischen der ersten Amtsperiode mit acht Jahren Dauer und zwölf Jahren bei unmittelbarer Wiederwahl.[75] Heute besteht der wesentliche Unterschied in der Amtsperiode von Bürgermeistern in der Unterschiedlichkeit der Pensionsansprüche.[76] Der Begriff der „*Wiederwahl*“ bzw. des Wiederwahlversuchs bereitet ansonsten jedoch methodisch und sprachlich keine Schwierigkeiten.

2. Bürgermeisterwahlen in Baden-Württemberg

Die Grundlage der Bürgermeisterwahlen ist in § 45 Abs. 1 GemO festgelegt. Danach gilt:

> *„Der Bürgermeister wird in allgemeiner, unmittelbarer, freier, gleicher und geheimer Wahl gewählt. Die Wahl ist nach den Grundsätzen der Mehrheitswahl durchzuführen. Gewählt ist, wer mehr als die Hälfte der gültigen Stimmen erhalten hat.“*

74 Gesetz zur Änderung kommunalwahlrechtlicher und anderer Vorschriften vom 04.04.2023.

75 § 42 Abs. 4 GemO BW i. d. F. vom 25.07.1954.

76 *Jäckl/Lindemann* 2016, S. 14.

Erreicht kein Kandidat diese Mehrheit, wird ein zweiter Wahlgang angesetzt. Nach der bis zum 01.08.2023 gültigen Rechtslage bestand keine Einschränkung für Kandidaturen für diesen Wahlgang; auch neue Bewerber konnten hinzutreten. Gewählt war und ist der Bewerber, dessen Stimmanteil am höchsten ist, unabhängig von einem Überspringen der 50-Prozent-Marke (relative Mehrheit). Bei Stimmengleichheit entscheidet das Los. Die bereits erwähnte umfangreiche Gesetzesänderung führte dazu, dass zum 01.08.2023 auch die bisherigen Altersgrenzen weggefallen sind, sodass die Wählbarkeit seither mit Erreichen der Volljährigkeit besteht.[77]

Kein einheitlicher Wahltermin

Für die Bürgermeisterwahlen gibt es keinen einheitlichen Wahltermin, da die Terminierung nach § 2 Abs. 1 KomWG eine Angelegenheit der kommunalen Selbstverwaltung ist. § 3 KomWG bestimmt weiter, dass der Wahltag ein Sonntag zu sein hat. Ausgeschlossen sind Ostersonntag, Pfingstsonntag, Totengedenktag sowie die gesetzlichen Feiertage. Seit einer Änderung des Kommunalwahlgesetzes 2005 können Bürgermeisterwahlen auch mit anderen Wahlen oder Bürgerentscheiden zusammengelegt werden.[78]

Nach § 47 Abs. 1 Satz 1 GemO ist die Wahl in einem Zeitfenster von drei Monaten bis einen Monat vor Freiwerden der Stelle anzusetzen, falls die Stelle in Folge Ablaufs der Amtszeit, Eintritts in den Ruhestand oder Verabschiedung infolge Erreichens der Altersgrenze notwendig wird. In anderen Fällen wie dem Tod ist sie spätestens drei Monate nach Freiwerden der Stelle durchzuführen. Dazu gehört auch der Amtsverzicht, weil der Amtsinhaber eine andere Stelle antritt. Hierunter fällt die Wahl zum (Ober-)Bürgermeister einer größeren Kommune oder Landrat oder ein Wechsel in die höheren Ränge der Landesverwaltung. Termine in den Schulferien werden ebenfalls vermieden.

Die Zahl der Wahlen schwankt von Jahr zu Jahr. Dies hat historische Ursachen. Die Gemeindereform mit ihrer wesentlichen Neugliederung der baden-württembergischen Städte und Gemeinden führte im Jahr 1975 zu vielen Bürgermeisterwahlen. Die Amtszeit des Bürgermeisters beträgt nach § 42 Abs. 3 Satz 1 GemO acht Jahre. Somit ergeben sich im Untersuchungszeitraum besonders viele Wahlen in den Jahren 2007 und 2015. Zwei weitere Spitzen ergeben sich in den Jahren 2010 und 2018.[79]

77 Gesetz zur Änderung kommunalwahlrechtlicher und anderer Vorschriften vom 04.04.2023.

78 *Fleckenstein* 2016, S. 74.

79 *Schwarz* 2017, S. 2.

3. Der Sonderfall der Bestätigungswahl

Wahlen im Verständnis demokratischer Systeme beinhalten zwei Komponenten: die Wahlfreiheit und die Möglichkeit der Auswahl zwischen mehreren Alternativen.[80] Während die Wahlfreiheit verfassungsmäßig nach Art. 38 Abs. 1 bzw. Art. 28 Abs. 1 GG gesichert ist, ist die Bereitstellung von Auswahlmöglichkeiten der Initiative von Kandidaten bzw. Parteien überlassen. Zum Alltagsverständnis gehört, dass bei Parlamentswahlen unabhängig von der tatsächlichen Aussicht, einen Wahlkreis zu gewinnen, Auswahlmöglichkeiten bestehen müssen und dass alle gängigen, im Parlament vertretenen Parteien Kandidaten aufbieten. Ein Verzicht auf das Aufstellen von Kandidaten würde als Fehlleistung der entsprechenden Partei gewertet werden.

Bei Bürgermeisterwahlen gilt dies jedoch augenscheinlich nicht durchgängig. Auch in größeren Städten verzichten Parteien auf die Stellung eines eigenen Kandidaten, wenn sie dessen Erfolgsaussichten als gering bewerten. Dem olympischen Motto „Dabei sein ist alles“ steht die Knappheit an Ressourcen entgegen – neben Geld etwa auch der Einsatz der wenigen hauptamtlichen und vielen ehrenamtlichen Kräfte. Auch spielen die Opportunitätskosten eine Rolle. In der engen Abfolge der Kommunal-, Landtags-, Bundestags-, und Europawahlen ist für die lokalen Funktionäre die Kampagnenfähigkeit durch motivierte Mitglieder und volle Wahlkampfkassen schon aus Eigeninteresse wichtiger.

Die Begrenztheit der Ressourcen gilt auf der Ebene der Kandidaten selbst umso stärker, als sie Wahlkämpfe mit hohen Eigenmitteln finanzieren.[81]

Da die logischen Gegenbegriffe zu kompetitiven Wahlen wie semikompetitiv oder nichtkompetitiv für autoritär oder totalitär regierte Staaten verwendet werden[82], wird hierfür im Folgenden der Begriff der *Bestätigungswahl* verwendet. Damit soll beschrieben werden, dass innerhalb eines freien politischen Systems das *vereinzelte* Fehlen eines Gegenkandidaten und somit die Unmöglichkeit einer Auswahl zwischen verschiedenen Bewerbern nicht immer schon und grundsätzlich als Problem oder Versagen politischer Akteure gesehen werden muss. Dazu gehört selbstverständlich, dass der demokratische Charakter der Wahl gewahrt bleibt und auch das passive Wahlrecht effektiv und nicht nur auf dem Papier gewährleistet ist.

80 *Nohlen* 2009, S. 25.

81 *Stuttgarter Nachrichten* v. 20.01.2022.

82 *Nohlen* 2009, S. 27.

Dieser Befund spricht auch für den für die Kommunalpolitik nicht schmeichelhaften, aber durch die geringere Wahlbeteiligung gestützten Befund, dass die Bürger die kommunalen Wahlen als weniger wichtig als die Bundestagswahlen einschätzen. Die Politikwissenschaft spricht auch von „Nebenwahlen“. Bei Bundestagswahlen würde dieses Fehlen von Kandidaten etablierter Parteien hingegen massiv kritisiert und beim Verdacht auf Wahlabsprachen auch skandalisiert. Die baden-württembergische Landesgeschichte kennt einen derartigen Fall.

Das konsensdemokratische kommunalpolitische System Baden-Württembergs bricht an dieser Stelle die konkurrenzdemokratisch geprägte Logik des parteipolitischen Konkurrenzkampfes.

Umgekehrt existiert jedoch auch eine aus demokratietheoretischer Sicht hinterfragenswerte Tradition, nicht das Fehlen, sondern vielmehr die Existenz eines Gegenkandidaten als Systemfehler anzusehen. Aus dieser Perspektive ist die Wahl ohne einen möglicherweise wählbaren Gegenkandidaten der erstrebenswerte Normalzustand, den es zu festigen gilt.

Wie im Weiteren gezeigt werden wird, muss sich tatsächlich eine große Zahl von Amtsinhabern gar keinen oder objektiv chancenlosen Herausforderern stellen. Amtsinhaber sind allerdings gut beraten, mögliche Gegenkandidaten einzukalkulieren. Auch die Tatsache, dass es kein formales Präsentationsrecht von Parteien für die Bürgermeisterwahlen gibt, der Zugang zur Kandidatur also nicht durch eine Nominierung durch Parteigremien abhängt,[83] ermöglicht das überraschende Auftreten von Herausforderern.

4. Wahlbeteiligung

Viele kommunalpolitische Akteure überschätzen die zu erwartende Wahlbeteiligung massiv und zeigen sich nach der Wahl enttäuscht. Hier lohnt ein genauerer Blick.

Allgemein zeichnen sich in Deutschland Bundestagswahlen durch die höchsten Wahlbeteiligungen, kommunale Wahlen hingegen durch vergleichsweise niedrige Wahlbeteiligungen aus. Insgesamt sinkt die Wahlbeteiligung, von kurzfristigen Mobilisierungsschüben abgesehen.[84] *Armin Schäfer* sieht auch ein Absinken der Wahlbeteiligung bei kommunalen Wahlen.[85] Der Wahlteilnahme förderlich sind hier die Annahme, dass ein

83 *Wehling/Siewert* 1984, S. 9.

84 *Eilfort* 2003, S. 197; *Steinbrecher* 2019, S. 330.

85 *Schäfer* 2011, S. 14.

politischer Wechsel Folgen hat, politisches Interesse, Parteiidentifikation sowie ein Verständnis des Wahlakts als einer Bürgerpflicht.[86]

Wehling führt die geringe Wahlbeteiligung bei kommunalen Wahlen auf ihre Einschätzung als von geringer Relevanz für das persönliche Leben zurück. Ein Grund hierfür ist die Mobilität der modernen Gesellschaft, in der zwar die Kommune von der Kita bis zum Friedhof wichtige Dienstleistungen organisiert, dies aber im Regelfall in einem Leben von vielen verschiedenen Kommunen, oft auch parallel angeboten wird, wenn z. B. der eigene Wohnort, der Arbeitsort, die Schulstadt der Kinder und die Nutzung der Freizeitangebote nicht auf dieselbe Gemeinde fallen.[87] Auch ist die Aufgabenzuweisung mitunter komplex: Wenn der Autor dieses Buches vom Wohnort mit dem ÖPNV zum Arbeitsort pendelt, stehen verkehrliche Angebote der Aufgabenträger Stadt (Stadtbus), zweier Landkreise (Bus), des Verbands Region Stuttgart (S-Bahn) und des Lands Baden-Württemberg (Nahverkehrszüge) zur Verfügung. Nach *Löffler/Rogg* sind kommunale Nichtwähler überdurchschnittlich jung und weniger im Wohnort verankert. Beteiligungsfördernd wirkt die Zugehörigkeit zur Mittelschicht. Insbesondere Landwirte zeichnen sich durch ein hohes kommunalpolitisches Interesse aus. *Löffler/Rogg* gehen weiter davon aus, dass von einer niedrigen Wahlbeteiligung die Parteien profitieren, deren Wertvorstellungen mit dem vorherrschenden politisch-moralischen Milieu übereinstimmen.[88]

Dies wäre im Rahmen der später zu erörternden Fallstudien (Kap. F) für F. das grün-alternative Milieu und für B. und T. das bürgerlich-konservative Milieu. Daraus leitet sich die Hypothese ab, dass eine steigende Wahlbeteiligung eher dem Herausforderer nützt, eine sinkende Wahlbeteiligung hingegen dem Amtsinhaber.

Eine andere Sicht auf die Wahlbeteiligung sieht ganz unabhängig vom kulturell herrschenden Milieu eine niedrige Wahlbeteiligung als dem Herausforderer förderlich an. Nach dieser Lesart bleiben die mit dem Amtsinhaber zufriedenen Bürger daheim, die Unzufriedenen gehen zur Wahl.

Je nach demokratietheoretischem Zugang kann die Wahlbeteiligung auch in normativer Hinsicht unterschiedlich bewertet werden. *Fritz W. Scharpf* folgend kann zwischen input- und outputorientierten Demokratietheorien unterschieden werden.[89] Outputorientierte Theorien sehen die Funktion der Wahl im Ergebnis, also in der Herrschaftslegitimation und Machtzuwei-

86 *Schäfer* 2011, S. 146 f.

87 *Wehling* 1994b, S. 565.

88 *Löffler/Rogg* 2000, S. 132.

89 *Scharpf* 1999, S. 16 ff.; *Huzel* 2019.

sung durch diese Auswahl. Damit ist die Wahlhandlung selbst kein Ziel, und somit auch die Maximierung der Wahlbeteiligung nicht. Statt des Maximums der Beteiligung wird ihr Optimum gesucht.[90] Allerdings ist festzuhalten, dass eine genaue Definition des Optimums nicht erfolgt, in dieser Allgemeinheit wohl auch nicht möglich ist.

Die inputorientierte Sicht hingegen sieht einen besonderen Wert in der Wahl als Prozess, der die Funktionen der Artikulation der Interessen und der Repräsentation der Wähler erfüllt und damit zur Integration des Wählers in das System beiträgt. Demnach würde eine Maximierung der Beteiligung zu einer höheren Legitimität der Wahl führen.[91] *Michael Eilfort* sieht eine Überbetonung inputorientierter Sichtweisen in der politischen Kultur der Bundesrepublik.[92] Dies schlägt sich erkennbar in der Hoffnung auf eine hohe Wahlbeteiligung nieder bzw. in dem oft geäußerten Unverständnis über angeblich geringe Wahlbeteiligungen in der wahlbegleitenden Berichterstattung.

Da Mehrheitswahlen eher outputorientiert, Verhältniswahlen ihrer Natur nach inputorientiert sind, entspricht die outputorientierte Sicht eher dem Untersuchungsgegenstand Bürgermeisterwahl.

IV. Die Rolle des Bürgermeisters in Baden-Württemberg

In diesem Abschnitt wird der rechtliche Rahmen und die Machtfülle baden-württembergischer Bürgermeister diskutiert, um deren Rolle im kommunalen Entscheidungsgefüge darstellen zu können. Dabei wird auch die Stellung des Gemeinderats einbezogen.

Macht wird hier in einem lose weberianischen Sinne verstanden als Verfügung über Handlungsspielräume und Entscheidungskompetenzen.[93] Die Literatur geht eindeutig von einer starken Stellung des Bürgermeisters aus und spart nicht mit spannenden Umschreibungen. Ein „plebiszitäres Wahlkönigtum“ wird gesehen[94], eine „besondere politische Potenz“ erkannt[95], es erfolgt eine Charakterisierung der Stellung als „gottähnlich“ oder säkularer als „lokaler Bismarck“[96]. Eine nüchternere Beschreibung sieht für den Bür-

90 *Eilfort* 1994, S. 28 f.
91 *Eilfort* 1994, S. 31.
92 *Eilfort* 1994, S. 198.
93 *Gehne* 2012, S. 39.
94 *Kern* 2012, S. 79.
95 *Knemeyer* 1998, S. 25.
96 *Wehling/Siewert* 1984, S. 7.

germeister eine „so starke und umfassende Stellung, wie sie im demokratisch-politischen System selten vorkommt“[97].

1. Rechtliche Stellung des Bürgermeisters

Die starke Stellung des Bürgermeisters soll hier an vier Punkten verdeutlicht werden: an den Grundlagen der Wahl des Bürgermeisters und an seinen Kompetenzen als Chef der Verwaltung, als Vorsitzender des Gemeinderats sowie als Vertreter der Gemeinde nach außen.[98]

Der Bürgermeister wird nach § 42 GemO in einer Volkswahl für eine mit acht Jahren sehr lange Amtszeit gewählt. Ein Vorschlagsrecht von Parteien besteht nicht. Als Vorsitzender des Gemeinderats bestimmt er die Tagesordnung des Gemeinderats und seiner Ausschüsse. Er ist kraft Amtes stimmberechtigter Vorsitzender des Gemeinderats und seiner Ausschüsse.

Er hat nach § 23 GemO wie der Gemeinderat Organstellung – handelt also aus eigener, nicht aus abgeleiteter Machtvollkommenheit – sowie drei Funktionsbereiche: als stimmberechtigtes Mitglied und Vorsitzender des Gemeinderates und seiner Ausschüsse, als Leiter der Gemeindeverwaltung und als gesetzlicher Vertreter der Gemeinde.[99]

2. Zusammenwirken von Bürgermeister und Gemeinderat

Die Gemeindeordnung von Baden-Württemberg kennt nach § 23 GemO als Verwaltungsorgane den Bürgermeister und den Gemeinderat. Eine Unter- bzw. Überordnung der beiden Organe besteht nicht. Die wirksame Zusammenarbeit wird über Verzahnungen und gegenseitige Kontrollfunktionen sichergestellt.[100] *Franz-Ludwig Knemeyer* sieht jedoch ein „faktisches Übergewicht“ des Bürgermeisters gegenüber dem kollektiven Akteur Gemeinderat.[101]

Für die konkreten Fälle ist die lokale Akteurskonstellation zu beachten, auf die später eingegangen werden wird. Eine besondere Rolle spielen zudem die Fraktionen im Gemeinderat. Die Neuregelung der Gemeindeordnung 2015 hat die Fraktionen zum ersten Mal positivrechtlich in der Gemeindeordnung verankert.[102] Ihre weitere Ausgestaltung obliegt aber der Regelung vor Ort.

---

97 *Frei* 2010, S. 133.

98 *Wehling* 2010, S. 24; *Wehling* 2000, S. 50–52.

99 *Kehle* 2010, S. 91 f.

100 *Plate/Schulze/Fleckenstein* 2018, Rn. 181.

101 *Knemeyer* 1998, S. 26.

102 *Pautsch* 2017b.

Für den jeweiligen Einzelfall ist zu hinterfragen, ob die gewählten Räte überhaupt Fraktionen bilden und welche Rolle sie im Willensbildungsprozess einnehmen, wie sie also zu anderen Fraktionen und zur Verwaltung stehen. Auch hängt es von der lokalen Akteurskonstellation ab, ob sich Bürgermeister Mehrheiten organisieren können, wie es die Literatur als Normalfall ansieht.[103] Zu Verhandlungen mit Gemeinderäten und Fraktionsvorsitzenden gehört auch das individuelle Verhandlungsgeschick bzw. die Gesprächsbereitschaft des Bürgermeisters. Als Gradmesser der örtlichen Verhältnisse dient auch die in der Hauptsatzung – also durch Ratsbeschluss – festgelegte Wertgrenze, unterhalb derer die Verwaltung ohne Beteiligung der Gremien agieren kann.

3. Parteiunabhängigkeit

Die Stellung des Bürgermeisters wird durch seine Unabhängigkeit von anderen politischen Akteuren gestärkt. Ein Präsentationsrecht der Parteien gibt es nicht; damit sind mögliche Kandidaten auch nicht auf die Unterstützung einer Gruppierung für eine Kandidatur oder gar Wiederkandidatur angewiesen. Auch die abhängig von der Gemeindegröße vorzuweisenden 50 bis 250 Unterschriften als Zulassungshürde sind im Prinzip ohne Unterstützung sammelbar.

Anders sieht es dagegen bei der faktischen Wahlkampfführung aus. Die örtlichen Parteigliederungen können nicht nur den organisatorischen Rückhalt eines Wahlkampfes bilden sowie personelle und finanzielle Ressourcen stellen, sondern auch den Kontakt zu nahestehenden Multiplikatoren oder auch Spendern bilden. Die wahlkampforientierte Literatur bewertet diesen Einsatz allerdings oft kritisch.[104] Dabei variieren Vehemenz und Geschlossenheit der Unterstützung je nach örtlicher Situation. Mit zunehmender Gemeindegröße steigt die Unverzichtbarkeit organisierter und eingespielter Unterstützergruppen und ihrer Ressourcen an.[105] In den folgenden Kapiteln wird die Parteinähe oder -ferne jedoch nur eine untergeordnete Rolle spielen.

V. Zusammenfassung des analytisch-konzeptionellen Zugangs

Der herrschenden Meinung der Literatur folgend kann davon ausgegangen werden, dass es ein eigenständiges kommunales Wahlverhalten gibt, das über unterschiedliche Wahlbeteiligungen von soziologischen Gruppen hi-

103 *Wehling/Siewert* 1984, S. 106.

104 *Roth* 1998; *Abberger* 2013; *Löffler* 2016.

105 *Löffler* 2016, S. 31.

nausgeht. Damit stellt sich die Frage, was dieses eigenständige Wahlverhalten auf der kommunalen Ebene kennzeichnet. Dazu wird der Ansatz der regionalen politischen Kultur herangezogen.

Im Sinne einer „aufgeklärten Heimatkunde“ nach *Wehling* bietet die politische Kultur einen Bezugsrahmen, der über die Untersuchung von historisch gewachsenen Beziehungen eine wissenschaftlich fundierte Interpretation von politischen Handlungen ermöglicht. Die politische Kultur determiniert allerdings keine Wahlhandlungen. Ebenso können sich verschiedene Prägungen überlagern oder auch z. B. bei zugezogenen Wählern keine Rolle spielen.

Bezüglich der wahlentscheidenden Orientierungen bietet die Literatur verschiedene Schwerpunkte hinsichtlich parteilicher, thematischer oder persönlicher Orientierung an. Mit *Brettschneider* wird hier und im Folgenden der Standpunkt vertreten, dass das Kandidatenimage unterschiedliche, persönlichkeitsorientierte und sachorientierte Bewertungsdimensionen aufweist. Die unterschiedlichen Wahlbeteiligungen bei Bürgermeisterwahlen können durch die Faktoren der „Relevanz“ und des individuellen „politischen Interesses“ erklärt werden.[106]

Die Untersuchung der Machtposition des Bürgermeisters deckt sich mit der Einschätzung in der Literatur, dass die Aufgabenzuweisung nach der Gemeindeordnung, lange Amtsdauer, Selbstlegitimation durch Direktwahl und rechtliche Parteiunabhängigkeit dem Bürgermeister die Möglichkeit gibt, der „starke Mann“ (oder die starke Frau) der Gemeinde zu sein. Die tatsächlichen Handlungsspielräume werden aber auch von den örtlichen Gegebenheiten wie der Haltung des Gemeinderats, der Gemeindegröße und den finanziellen Spielräumen definiert.[107] Die baden-württembergische Kommunalverfassung balanciert die Stärken von Rat und Bürgermeister gegeneinander aus.[108] Es herrscht also eine kommunale Konkordanzdemokratie mit geringer personeller, prozeduraler und inhaltlicher Parteipolitisierung bei starker exekutiver Führung durch den Bürgermeister.[109]

106 *Brettschneider* 2002.

107 *Gehne* 2012, S. 38 f.

108 *Banner* 2010, S. 18.

109 *Holtkamp* 2008.

C. Strategie in Wahlsituationen

Wenige Begriffe werden gleichzeitig so inflationär wie undefiniert verwendet wie der der „Strategie“.[110] Die Bedeutung einer strategischen Wahlkampfplanung wird allgemein als hoch angesehen. Hinter dieser verbreiteten Zustimmung verbirgt sich allerdings sowohl eine Begriffsverwirrung als auch mangelhaftes Verständnis. „Die Mehrheit der Stimmen zu gewinnen“ ist die Formulierung eines gewünschten Ergebnisses, keine Strategie; „Haustürwahlkampf“ ist eine Maßnahme, die höchstens Rückschlüsse auf eine Strategie erlaubt, aber ebenfalls keine Strategie. Auch ist ein Satz wie der eines eine fünfte Amtszeit anstrebenden Bürgermeisters „Ich mache seit 32 Jahren Wahlkampf“ so persönlich verständlich wie in Bezug auf eine Strategieorientierung problematisch.[111] Die Leistungsbilanz spricht eben *nicht* für sich.

I. Professionalität im Kontext des Wahlkampfs

Die landläufige Vorstellung von „Wahlkampfplanung“ ist nach *Löffler* „eine Diskussion um das Krawattenmuster [auf dem Porträt-Plakat; Anm. d. Verf.]“.[112] Die Metapher ist ersichtlich auf männliche Kandidaten beschränkt, ließe sich aber mühelos ausweiten. Sicherlich sind praktische Professionalitätsaspekte wie geeignete und fehlerfreie Plakate, Visitenkarten oder Homepages für Kandidaten relevant. Die Betrachtung der Handwerkskunst der Werbeagenturen steht allerdings nicht im Fokus dieses Buches, sondern die grundsätzliche, strategische Dimension von Wahlkampf. Denn es ist dieser Bereich, in dem erkennbar Fehler gemacht oder Unterlassungen begangen werden – also in der Frage, wie entschieden wird, welche Botschaft die Werbeagentur in welcher Form aufarbeiten soll. Auch sind Zeitpunkt, Kandidatenlage, örtliche Akteurskonstellation, Themen und Probleme immer relevant. Somit müssen Strategie und Maßnahmen für den jeweiligen Einzelfall entwickelt werden.[113] Allerdings lassen unglücklich wirkende Plakate und vor Fehlern strotzende Prospekte etc. auch Rückschlüsse auf eine defizitäre strategische Planung zu.

Folglich wird im Rückblick oft über die mangelnde Professionalität von Wahlkämpfen auf kommunaler Ebene geklagt. Dabei sollte jedoch das Ver-

110 *Sarcinelli* 2010, S. 267.

111 *Schwäbische Zeitung* v. 13.06.2015.

112 *Löffler* 2016, S. 30.

113 *Löffler* 2016, S. 29.

ständnis von „Professionalität" geklärt sein. Im Folgenden wird die handlungsorientierte Sicht gewählt, welche „die Anwendung von systematisiertem und technischem Wissen interpretiert, welches situationsbezogen anzupassen ist"[114]. Es geht also um ein „Handeln in einer bestimmten Qualität", das der spezifischen Situation angepasst wird.[115] Eingängig formulierte *Carl von Clausewitz*: „Das Wissen muss ein Können werden."[116]

Deshalb wird im Folgenden untersucht, wie das nötige „Wissen" über den Wahlkampf beschafft und systematisch aufbereitet werden kann, um die notwendige Grundlage für einen erfolgreichen Wahlkampf zu leisten. Das „Können" in diesem Sinne kann erreicht werden, indem aus einem gesicherten Wissen heraus möglichst zielführende Maßnahmen eingesetzt werden. Um dies zu verwirklichen, sollte gezielt und frühzeitig die Beratung durch Fachleute und/oder Personen mit Wahlkampferfahrung gesucht werden.

Rafael Bauschke ist skeptisch, ob volle Professionalität in all ihren Facetten bei Bürgermeisterwahlkämpfen überhaupt erreicht werden kann. Der Kontext kommunaler Wahlen mit ihrer Persönlichkeitsorientierung und im Vergleich zu nationalen Wahlen kleinen bis winzigen Elektoraten und kurzen Kampagnenzeiten spricht dagegen. Möglich und bereits beobachtbar ist hingegen die Professionalisierung von Teilaspekten wie etwa einer strategischen Perspektive auf den Wahlkampf sowie der Einsatz einfacher Modelle der Zielgruppenanalyse.[117]

Im Folgenden werden Überlegungen zur Strategie, den wahlentscheidenden Orientierungen, den lokalen Akteuren und der Wahlsituation dargestellt.

II. Die Planung einer Wahlkampfstrategie

Eine Wahlkampfstrategie wird hier verstanden als die „planmäßige Ausrichtung eines Wahlkampfes auf eine Idee unter Berücksichtigung des Kontextes und der verfügbaren Ressourcen", also als die Auswahl der generellen Ausrichtung der Kampagne sowie ihrer Botschaften und des Mitteleinsatzes an die verschiedenen Adressaten der Kampagne.[118] Strategische Planung gehört zum Politikmanagement, also zur Herstellung einer Verbindung der Steuerungsfähigkeit der Akteure mit der Steuerbarkeit des politischen Systems.[119]

114 *Freund* 2014, S. 58.
115 *Freund* 2014, S. 59.
116 *Clausewitz* 1990 [1832], S. 109.
117 *Bauschke* 2023, S. 64.
118 *Moeckli* 2017, S. 37.
119 *Korte/Fröhlich* 2009, S. 16.

Politikmanagement ist dabei laut *Korte/Fröhlich* eher „pragmatische Moderation“ statt hierarchische Steuerung. Dies gilt insbesondere, wenn das materielle Politikziel das Gewinnen einer Wahl darstellt.

1. Kommunikation und Framing

Kommunikation ist eine notwendige, wenn auch nicht hinreichende Bedingung für erfolgreiche Politik.[120] „All style, no substance“ wird im überschaubaren kommunalen Rahmen keinen Erfolg bringen.[121] Noch häufiger anzutreffen ist aber die umgekehrte Sicht, Kommunikation und Fachlichkeit seien voneinander getrennte Elemente. Symptomatisch für diese Sicht steht der nachfolgende Auszug aus einem Bericht über einen abgewählten Bürgermeister:

> *„E. ist seit 2005 Bürgermeister in Illingen und umstritten. Seine Kompetenzen werden durchaus geschätzt: Seit 2014 ist Illingen schuldenfrei. Aber der Kommunikationsstil des 49-Jährigen wird häufig kritisiert.“*[122]

Dieses Buch vertritt im Gegensatz dazu die Position, dass Kommunikation selbstverständlicher Teil der bürgermeisterlichen Fachlichkeit zu sein hat. „Er ist ein guter Bürgermeister, kann aber nicht gut kommunizieren“ ist dabei als Aussage so widersprüchlich wie „Er ist ein guter Bürgermeister, Personalführung oder Bauen oder Haushalt kann er aber nicht“. Wie auch der zitierte Bericht die Schlussfolgerung beinhaltet:

> *„Für viele Beobachter ist das Ergebnis der Wahl nicht weiter verwunderlich.“*[123]

Huzel resümiert ähnlich, dass zu einem erfolgreichen Bürgermeister- bzw. Kandidatenprofil die Fähigkeit gehöre, „zu vermitteln, zu moderieren, zuzuhören, Kompromisse zu finden und die Gemeinde voranzubringen“[124].

Damit sollte der Wahlkampf als solcher als politische Kommunikation verstanden werden.[125] Nach *Sarcinelli* umfasst Wahlkampf

> *„die im Kontext von Wahlen zu ergreifenden (...) programmatischen, parteiorganisatorischen und publizistisch-kommunikativen Maßnah-*

120 *Sarcinelli* 2010, S. 270.

121 *Abberger* 2013, S. 288 f.

122 *Badische Neueste Nachrichten* v. 25.07.2021.

123 *Badische Neueste Nachrichten* v. 25.07.2021.

124 *Huzel* 2023, S. 51.

125 *Lerch* 2014, S. 28.

men von (i. d. R.) Parteien [hier auch Einzelkandidaten; Anm. d. Verf.], mit denen Wählerinnen und Wähler informiert und in ihrer Stimmabgabe beeinflusst werden sollen“[126].

Zur kommunikativen Beeinflussung gehört das sogenannte Framing, also im Wortsinne der Versuch, der erwünschten Botschaft einen bestimmten (Deutungs-)Rahmen (=„Frame“) zu geben.[127] Nach *Entman* ist Framing die Auswahl einiger Aspekte einer wahrgenommenen Realität mit dem Ziel, diese Aspekte in einem Text so herauszuheben, dass eine bestimmte Wirkung erzielt wird.[128] Treffend beschreibt *Stenzel*:

> *„Framing bedeutet, dass jede Aussage ein Bild, eine Emotion oder einen Gedanken beim Adressaten hervorruft und von diesem in einen Kontext eigener Erfahrungen eingebettet wird. Das bedeutet auch, dass Kommunikation immer in irgendeiner Form als Framing verstanden werden kann.“*[129]

Kommunikation im Wahlkampf

Kommunikation ist ein essenzieller Bestandteil aller Wahlkampfaktivitäten. Kommunikation spielt schon sehr früh eine Rolle, etwa wenn ein Unterstützernetzwerk geknüpft wird oder Aktionen geplant werden. Besonderes Gewicht erhält sie jedoch in der Phase des Wahlkampfs, in der der Kontakt zur Wählerschaft gesucht wird. Sie beinhaltetet die Botschaften nicht nur für individuelle Gespräche, sondern auch für Grußworte und Veranstaltungen sowie die Frage, wie diese Botschaften über die (sozialen) Medien vermittelt werden. Entscheidend ist, hier keine Zufälligkeit walten zu lassen. Insbesondere in größeren Städten besteht ohne einen kommunikativen Plan die Gefahr, sich in Wahlkampfaktivitäten zu verzetteln, die wenig Nutzen entfalten. Ohne die kommunikative Leistung verpufft die Wahlkampfaktivität. Deshalb muss für die Planung von Kommunikationsaktivitäten ausreichend Zeit und Arbeitsleistung eingeplant werden.

2. Das Drei-Phasen-Modell

Die notwendigen Maßnahmen, um einen Wahlkampf erfolgreich durchzuführen, können durch ein Drei-Phasen-Modell dargestellt und strukturiert werden. Anhand dieser drei Phasen können die Analyse, die Vorbereitung

126 *Sarcinelli* 2003, S. 649.

127 *Stenzel* 2022, S. 34.

128 *Entman* 1993, S. 52.

129 *Stenzel* 2022, S. 36.

und der eigentliche Wahlkampf idealtypisch voneinander unterschieden werden. Der genaue Ablauf hängt sowohl von den spezifischen Gegebenheiten vor Ort ab wie auch von der Persönlichkeit des Kandidaten, zu dem der Wahlkampf passen muss. Es können die gängigen Instrumente des Projektmanagements eingesetzt werden.

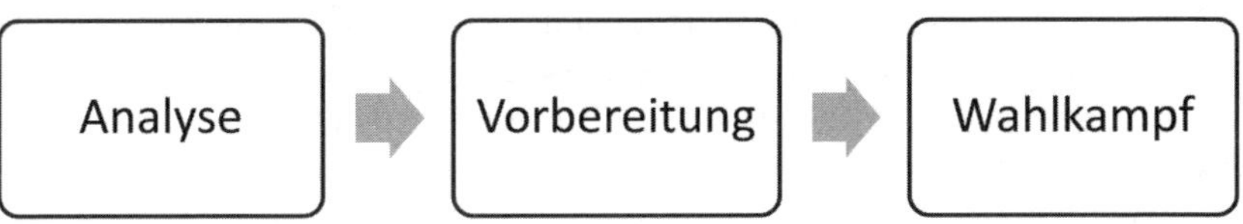

Abb. 1 Drei-Phasen-Modell des Wahlkampfs

Analysephase

In der Analysephase sollten Kandidaten ihre eigenen Stärken und Schwächen, die möglichen Gegner und Unterstützer und ihre Ressourcen, das kommunale Umfeld und die lokale Akteurskonstellation untersuchen.[130]

Grundlegende Informationen fußen auf zugänglichen statistischen Daten, von der demografischen und geografischen Situation bis hin zu den Strukturdaten des kommunalen Haushalts.[131] Informationen über die politische Kultur der Kommune lassen sich sowohl im Selbststudium der örtlichen Tageszeitung gewinnen als auch im Gespräch mit ersten Unterstützern vor Ort. Auch die Beobachtung von (möglichen) Gegnern gehört dazu.[132]

Besteht die Kommune aus unterschiedlichen, ehemals selbstständigen Ortsteilen oder ist es eine einheitliche Flächenkommune? Verfügt sie über hohe Gewerbesteuereinnahmen oder hängt sie am Tropf des Ausgleichsstocks? Ist der Gemeinderat harmoniebedürftig oder eher konfrontativ? Welche Ressourcen benötigt dieser Wahlkampf? Wer würde die Kandidatur unterstützen? Mit diesen Grundsatzüberlegungen kann bereits in einem sehr frühen Stadium abgeglichen werden, ob das Profil des Kandidaten zu der Kommune passt. Wenn die Entscheidung über die Kandidatur getroffen ist, kann sodann ein grober Fahrplan erstellt werden.

Da das Selbst- und Fremdbild erfahrungsgemäß oftmals nicht deckungsgleich sind, empfiehlt es sich, die Beratung von Fachleuten anzunehmen. Das können je nach persönlichem Zugang persönliche Bekannte mit Kenntnis der eigenen Person und Expertise in der Kommunalpolitik sein, die

130 *Moeller/Jungblut* 2015, S. 28 f.

131 *Moeller/Jungblut* 2015, S. 36 ff.

132 *Moeller/Jungblut* 2015, S. 43.

auch eine ehrliche Rückmeldung abgeben. Auf professioneller Ebene sind hier Coaches oder Beratungsfirmen mit großer Expertise aktiv.

Für Amtsinhaber ist der Analyseschritt ebenso wichtig wie für Kandidaten, die vor der Aufgabe stehen, die Kommune erst kennenzulernen. Amtsinhaber haben den Vorteil, die Lagebeurteilung des Wahlkampfes von vor acht Jahren zurate ziehen zu können. Hier ist der Schwerpunkt der Aufgabe, die bekannte Lage auf Veränderungen zu untersuchen: Hat sich die Akteurskoalition vor Ort gewandelt? Hat sich die Zusammenarbeit mit dem Gemeinderat durch Veränderungen im Rat oder durch bestimmte Sachentscheidungen verändert?

Das Thema Beratung gilt hier genauso wie für Neueinsteiger: Das Wirken der eigenen Person sinnvoll zu reflektieren, ist ohne externe professionelle Hilfe eine schwierige Aufgabe. Diese Reflexionsaufgabe erstreckt sich auch auf die Auswirkung von Sachentscheidungen, z. B. die Schließung eines Grundschulstandorts in einem Ortsteil, die Auswirkung auf das Wählerverhalten in den entsprechenden Wahlbezirken haben kann.

Vorbereitungsphase

Das Ziel der Vorbereitungsphase ist, alle Planungsüberlegungen über den Wahlkampf abgeschlossen zu haben und direkt in den Wahlkampf starten zu können.[133]

Zentral ist die Formulierung einer *Kernbotschaft* für den Wahlkampf, der die gewählten Themen mit der Persönlichkeit des Kandidaten in Verbindung setzt. Wegen der besonderen Bedeutung der Kommunikation ist die Botschaft gleichrangig mit den Aktivitäten und dem dafür vorgesehenen Ressourcenplan.

Auf diesen Überlegungen fußt auch die Planung der Werbelinie und der Werbemittel. Der Projektplan von Wahlkampfaktivitäten muss aufgestellt werden und die bloße Reihung von Maßnahmen hin zu einem Wahlkampf mit Spannungsbogen optimiert werden.

Dieser Prozess erfordert auch Feedbacks zwischen den einzelnen Schritten, etwa darüber, ob die geplante Maßnahme durchführbar bzw. bezahlbar ist und wie viel Gewicht auf welche Maßnahmen gelegt werden soll. Idealerweise werden alle zeitintensiven Maßnahmen hier durchgeführt bzw. vorbereitet, von der Beschaffung von Adressen bis hin zur Erstellung professioneller Fotos sowie von Homepage und Prospekt.

133 *Moeller/Jungblut* 2015, S. 29.

Auch die weitere Suche nach Unterstützern und dem Kandidaten zugeneigten Multiplikatoren gehört in diese Phase. Am Ende dieser Phase sollte auch das Unterstützerteam formiert und in unterschiedliche Aufgaben eingeteilt sein.

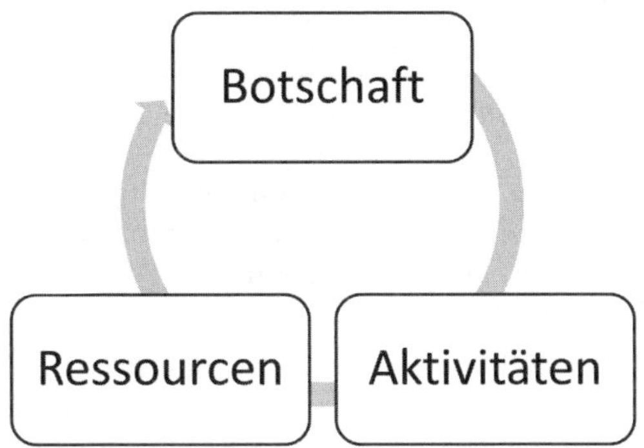

Abb. 2 Planungsprozess in der Vorbereitungsphase

Empfehlenswert ist auch, mehrere Szenarien oder mögliche Verläufe zu durchdenken und die Planung für den Wahlkampf so zu gestalten, dass sie für unterschiedliche Szenarien tauglich ist, um der Dynamik von Wahlkämpfen gerecht werden zu können.[134]

Zu den möglichen Szenarien gehören etwa dramatische Veränderungen innerhalb des Kandidatenfeldes. Ein Wahlkampf, der den Kandidaten als Herausforderer des Amtsinhabers inszeniert, mag in Schwierigkeiten geraten, falls dieser überraschend nicht mehr antreten sollte. Umgekehrt kann der Zutritt weiterer, ernst zu nehmender Kandidaten den Wahlkampf deutlich verändern. Das ist am deutlichsten bei den Wiederwahlversuchen von Amtsinhabern zu bemerken, die – für sie dann oft überraschend – mit Gegenkandidaten konfrontiert werden.

Dazu gehört auch die Vorbereitung auf einen zweiten Wahlgang bzw. künftig die Stichwahl.

Zu den notwendigen Plänen, die erstellt werden müssen, gehört die Ressourcenkalkulation. Sie beinhaltet das Wahlkampfbudget, also die Frage, wie viel Geld benötigt wird, um einen sinnvollen Wahlkampf zu führen, und wie das Geld aufzubringen und ggf. eine Zwischenfinanzierung möglich ist. Sie beinhaltet aber auch die Zeitressourcen und die möglichen direkten Unterstützer.

---

134 *Freund* 2013, S. 16.

Dies wird hier am Beispiel einer Plakatierung dargestellt.

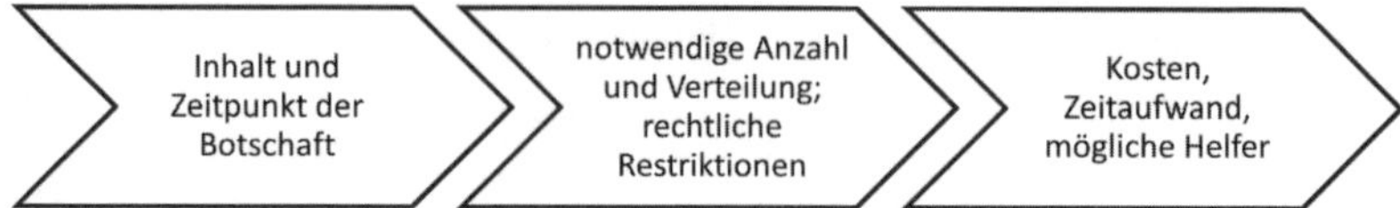

Abb. 3 Planungsprozess Plakatierung

Plakatierung sollte, wie andere Wahlkampfaktivitäten auch, kein Selbstzweck sein. Plakate werden in der Regel eingesetzt, um die Bekanntheit des Kandidaten zu erhöhen, bestimmte inhaltliche Botschaften zu verbreiten oder für eine Veranstaltung zu werben.

Aus dem Ziel der Plakatierung folgen Überlegungen zur geeigneten Anzahl und räumlichen Verteilung, um das kommunikative Ziel zu erreichen. Dies wird eingegrenzt durch die oft vorhandenen rechtlichen Restriktionen, durch die die Plakatierung durchaus hinfällig werden kann: So genehmigen insbesondere kleine Kommunen nur wenige Plakatstandorte oder schließen für die beworbene Veranstaltung relevante Gebiete aus.

In einem dritten Schritt ist zu prüfen, ob die Maßnahme finanziell darstellbar ist, die Vorlaufzeiten ausreichen und der Zeitaufwand mit den zur Verfügung stehenden Kräften zu bewältigen ist. Dazu gehört auch eine Klärung der Frage, ob die Maßnahme notwendige Ressourcen von anderen, wichtigeren Aufgaben abzieht.

Zu verallgemeinern ist also: Jede Maßnahme sollte auf ihren Nutzen und den Aufwand, inklusive ihrer Opportunitätskosten, durchdacht werden.

Wahlkampfphase

Die Wahlkampfphase beginnt oft mit der Bekanntgabe der Kandidatur als dem „point of no return". Die Bekanntgabe kann mit der Abgabe der Bewerbungsunterlagen im Rathaus kombiniert werden.

In dieser Phase finden die offiziellen Wählerkontakte – direkt bei Veranstaltungen oder Haustürwahlkämpfen sowie indirekt über Medien – statt, es werden eigene Veranstaltungen und Infostände abgehalten, Feste und Vereinsveranstaltungen besucht, Plakate aufgehängt und Prospekte verteilt. Bereits aus dieser Auflistung ergibt sich, dass ein Kandidat, der die aufgeschobenen Aufgaben aus der Vorbereitungsphase jetzt noch „nebenbei" erledigen möchte, sich nicht nur in konzeptionelle Probleme, sondern auch schlicht in ein Zeitproblem hineinmanövriert.

III. Die wahlentscheidenden Orientierungen

Im vorherigen Abschnitt wurde die Frage aufgeworfen, unter welchen Bedingungen der Kandidat zur Gemeinde „passt“, was sich in aller Regel im Wahlerfolg widerspiegelt. Die Literatur zu Bürgermeisterwahlen kommt hier zu unterschiedlichen Ergebnissen darüber, welche Orientierungen der Wähler für entscheidend gehalten werden. Diese werden im Folgenden dargestellt.

1. Wahlentscheidung nach Person, Themen oder Partei

Die Persönlichkeit des Kandidaten, die Bedeutung der von ihm gesetzten Themen sowie eine eventuelle Parteizugehörigkeit werden in unterschiedlicher Weise als relevant angesehen.

Reiner Persönlichkeitswahlkampf

Eine herrschende Meinung sieht – hierin der Untersuchung zur Ravensburger Oberbürgermeisterwahl von *Löffler/Rogg* folgend – eine klare Persönlichkeitswahl im Unterschied zu einer Orientierung an Parteien, was auch der oben beschriebenen Divergenzhypothese entspricht.[135] *Löffler* sieht eine aktive Parteimitgliedschaft nicht als Vorzug. In der Tradition von *Wehling* sieht er vielmehr in der Persönlichkeit des Kandidaten liegende Faktoren, wie dessen Ausbildungsstand, Herkunft, Alter etc., als für die Wahlentscheidung ausschlaggebend an.

Parteiorientierung

Mit wachsender Gemeindegröße steigt der Literatur zufolge auch die Bedeutung der Parteiorientierung für die Erklärung von Wahlergebnissen an.[136]

Für diesen Befund werden verschiedene Faktoren angeführt. Mit zunehmender Gemeindegröße steigt die (Partei-)Politisierung der Gremien; auch nehmen die Repräsentations- und Führungsaspekte der Bürgermeistertätigkeit gegenüber der Verwaltungstätigkeit zu – es ändert sich also das objektive Anforderungsprofil. Zum anderen verlieren die anderen Entscheidungshintergründe in größeren und zunehmend anonymen Wohn- und Lebenssituationen an Bedeutung.

Eine Untersuchung der Oberbürgermeisterwahl 1996 in der Landeshauptstadt Stuttgart kommt zu dem Ergebnis, dass die Parteiorientierung ausschlaggebend war, sieht aber eine Übertragung des Ergebnisses auf andere

---

135 *Wehling* 1999; *Löffler/Rogg* 1985.

136 *Löffler* 2004, S. 252.

Kommunen des Landes als schwierig an.[137] Dies ergibt sich bereits aus der singulären Größe Stuttgarts. So ist die Landeshauptstadt mit 630.000 Einwohnern so einwohnerstark wie die beiden nächstkleineren Städte Karlsruhe und Mannheim zusammengenommen. In diesem Sinne warnt *Hoecker* auch explizit vor einer Übertragung dieses Sonderfalls auf die kleineren und mittleren Kommunen. Auch *Löffler/Rogg* stehen derartigen Analogien kritisch gegenüber.

Die OB-Wahl in Stuttgart 2020 veranschaulichte hingegen deutlich, dass das parteipolitische Etikett als einziges Merkmal nur eine relativ kleine Wählerbasis anspricht, wie die Wahlergebnisse der Bewerber Veronika Kienzle (Grüne) mit 17,2 % und Martin Körner (SPD) mit 9,8 % im ersten Wahlgang zeigten.

Themenorientierung

Holzwarth betont demgegenüber die Möglichkeit, einen Wahlkampf auch über die Orientierung an bestimmten Themen gewinnen zu können. Dabei sieht er eine Abkehr von der reinen Personenbezogenheit, die die klassische Sicht bei *Wehling* oder *Löffler* prägt.

Bei Wiederwahlen bzw. versuchten Abwahlen sind zwei Herangehensweisen denkbar, die unter das Konzept eines „themenorientierten Wahlkampfs" fallen können:

- Aus Sicht des *Amtsinhabers* der Versuch, die positiven Aspekte der Leistungsbilanz herauszustellen und daraus die erfolgreiche Zukunft abzuleiten.
- Aus Sicht des *Herausforderers* der Versuch, die Leistungsbilanz anzugreifen und den Wunsch nach einem Wechsel zu verstärken. Dazu gehört die Betonung anderer Schwerpunkte (Schwimmbad statt Sportplatz) bzw. eine andere Auflösung von Zielkonflikten (Flächenverbrauch vs. Gewerbeansiedlung) bis hin zur unterschiedlichen Sicht auf unstrittige Sachverhalte (geringe Verschuldung als sorgfältiges Wirtschaften vs. verpasste Investitionschancen).

In der Neuwahl – eine Stichwahl kannte das baden-württembergische Wahlrecht, wie oben erwähnt, bis vor Kurzem noch nicht – der erwähnten Stuttgarter OB-Wahl kontrastierte die Aussage „Jetzt zählt OB-Erfahrung" des am Ende siegreichen CDU-Bewerbers Dr. Frank Nopper, Oberbürgermeister

137 *Hoecker* 2005, S. 2, S. 168 ff.

von Backnang[138], gegen die zukunftsoptimistische Botschaft „Der Junge kann das" des parteilos angetretenen Marian Schreier.[139]

Die Erfolgsaussichten des Ansatzes, Wahlkämpfe vornehmlich über Themensetzung zu bestreiten, werden in der Literatur insgesamt unterschiedlich eingeschätzt. Eine Tradition sieht die Kandidaten-„Fakten" wie Fachkompetenz etc. als entscheidendes Element an; *Abberger* hingegen betont in seinem erfahrungsberichtlich angelegten Buch die Möglichkeit, Wahlen auch über konkrete Themen gewinnen zu können.[140]

Eine andere Linie sieht die Führungskompetenz, Erfahrung und Vita des Bewerbers im Mittelpunkt. Hier ist einerseits nach Wahlkampfsituation zu spezifizieren. Bei einer Neuwahl wird oft festgestellt, dass sich die Bewerber thematisch wenig unterscheiden, da nur selten „Gewinnerthemen" identifiziert werden, mit denen die Bewerber als Alleinstellungsmerkmal aufwarten können.

2. Mehrdimensionale Kandidatenimages

Die erkennbar ungenügende Erklärungskraft der parteilichen Orientierung und des beruflichen Hintergrunds als Deutungsmuster für das Kandidatenimage erfordert weitere Überlegungen. Die Forschung zu *Spitzenkandidaten* sieht eine verschieden akzentuierbare Mischung unterschiedlicher Bewertungsdimensionen aus Problemlösungskompetenz, Führungsqualitäten, Integrität und unpolitische/persönliche Eigenschaften als ausschlaggebend an. Diese Überlegungen sollen im Folgenden auch auf die personalisierte Bürgermeisterwahl übertragen werden. Danach bezieht sich die *Problemlösungskompetenz* auf die Haltung des Kandidaten zu Sachfragen sowie auf dessen Fähigkeit, Lösungsansätze zu formulieren und umzusetzen. *Führungsqualitäten* (Leadership) umfassen ein Bündel von persönlichen Eigenschaften, die sich auf Aspekte der Durchsetzungsfähigkeit beziehen, wie etwa Führungsstärke, Tatkraft oder Entscheidungsfreude. Das Begriffspaar „Problemlösungskompetenz" und „Leadership" verweist also auch auf die Dimension, über Lösungsansätze zu verfügen und diese in der Praxis umsetzen zu können.[141] Bei der Bewertung eines Amtsinhabers dürfte hier die Leistungsbilanz bzw. der Umgang mit Themen in der Vergangenheit eine besondere Rolle spielen.

Integrität, also Ehrlichkeit und Vertrauenswürdigkeit, wird bei alledem als besonders wichtiger Maßstab gesehen. Zu den *unpolitischen Eigenschaften*

138 *Stuttgarter Zeitung* v. 16.04.2021.

139 *Südkurier* v. 16.08.2020.

140 *Abberger* 2013.

141 *Brettschneider* 2002, S. 143.

gehören Merkmale, die nur im weitesten Sinne mit der Wahrnehmung politischer Funktionen zusammenhängen. Dazu zählen neben Charisma auch Alter, Geschlecht, Herkunft und Religion, wobei diese Punkte durchaus auch zu einer politischen Frage werden können.[142]

So kann eine junge Kandidatin das Thema „Frischer Wind im Rathaus" über ihr Alter definieren, andererseits kann einem zur Wiederwahl antretenden Bürgermeister der Vorwurf der altersbedingten Amtsmüdigkeit gemacht werden. Die Zugehörigkeit zu einer der großen christlichen Konfessionen oder auch die Konfessionslosigkeit spielt hingegen schon seit Jahrzehnten keine entscheidende Rolle mehr, wenn man von vereinzelten Presseberichten absieht.[143] Nicht untersucht wurden dabei allerdings Kandidaturen von Kandidaten mit Migrationshintergrund, was in der Zukunft durchaus wieder zu einer verstärkten Relevanz dieses Merkmals führen könnte.

Analytische statt reale Trennung

Allerdings kann gegen eine allzu strikte Unterscheidung von personenbezogenen und themenbezogenen Orientierungen eingewandt werden, dass sie weder praxistauglich noch methodisch besonders sinnvoll ist. Informationen über Kandidaten werden von Wählern je nach deren persönlichem Standpunkt unterschiedlich verarbeitet und bewertet. So setzte z. B. die unterlegene Herausforderin in Gechingen gegen die Leistungsbilanz des Amtsinhabers – mit einer Betonung auf der Schuldenfreiheit durch fiskalisches Maßhalten – eine Investitionsoffensive, sah also Schuldenfreiheit „nicht als Zier, sondern als Makel."[144]

Die Trennung von Themen und persönlichen Faktoren ist also in der Wahlkampfsituation eine rein analytische. Themen müssen so platziert werden, dass sie glaubwürdig zu Kandidaten passen bzw. ein Kandidat sie glaubwürdiger als seine Konkurrenten vertreten kann. Erklärt ein Bewerber ein bestimmtes Thema zum wahlentscheidenden Schwerpunkt, ohne darin seinem Mitbewerber erkennbar überlegen zu sein, riskiert er, eigentlich Wahlkampf für die andere Seite zu machen. Daraus ist zu schließen, dass Themen insoweit nachrangig sind, als sie sich dem Kandidatenprofil anpassen müssen – und nicht umgekehrt.

142 *Brettschneider* 2002, S. 144.

143 *Wehling/Siewert* 1984, S. 62 f.; *Kern* 2008, S. 218–223.

144 *Schwarzwälder Bote* v. 01.10.2018.

3. Das Wahlentscheidungsdreieck

Moeller/Jungblut akzentuieren die Rolle der Parteizugehörigkeit noch aus einer anderen Perspektive und gehen dabei von einem Dreieck aus „Person, Programm und Partei als Zusammenspiel relevanter Faktoren“[145] für die Wahlentscheidung aus. Dahinter steht wohl die Vorstellung eines stärker konkurrenzdemokratisch orientierten kommunalpolitischen Systems, in dem die Parteien eine hervorgehobene Rolle spielen. Statt von einer „Partei“ im engeren, klassischen Sinne wird dabei jedoch – breiter gefasst – von einem identifizierbaren Unterstützerumfeld ausgegangen.

Person
(Charisma, Sachverstand, Empathie, Glaubwürdigkeit, Leistungen)

Partei
(Ideen, Werte, Positionierung, Glaubwürdigkeit)

Programm
(Ziele, Entwicklungen, Profil)

Abb. 4 Wahlentscheidungsdreieck nach *Moeller/Jungblut* 2015

Sie betonen allerdings auch, dass die Person des Kandidaten für einen möglichen Wahlsieg die entscheidende Rolle spielt.[146]

Amtsinhaber

Die Situation der Bewerber ist dabei unterschiedlich. Für den wiederkandidierenden Amtsinhaber gilt hier, dass sein Wahlkampf in einer darstellba-

145 *Moeller/Jungblut* 2015, S. 23.
146 *Moeller/Jungblut* 2015, S. 23.

ren Verbindung zu den Erfahrungen der letzten acht Jahre stehen sollte, was sich auf alle drei Elemente des Wahlentscheidungsdreiecks auswirkt.

Die Eigenschaften der *öffentlichen* Person des Bürgermeisters – der Privatmensch kann sich davon unterscheiden – sind beobachtbar. Seine Leutseligkeit oder Distanz gegenüber der Bürgerschaft sowie die Lust oder Last der Aufgabe, Repräsentationspflichten auszufüllen, sind durch sein Verhalten über die gesamte Amtszeit hinweg manifest geworden und lassen sich an dieser ablesen. Auch sind programmatische Aussagen durch die bereits gesetzten Schwerpunkte vorgeprägt, wie auch durch sein Unterstützerumfeld. Man kann also von einer Pfadabhängigkeit sprechen: Die Entscheidungen und das Auftreten der Vergangenheit engen den Freiraum für zukünftige Entscheidungen ein.

Damit sind der Beeinflussung des Images durch die Kampagne natürliche Grenzen gesetzt, da eine allzu auffällige „Typveränderung" im überschaubaren lokalen Umfeld zulasten der Authentizität gehen wird – vor allem dann, wenn sie in einem direkten Zusammenhang zur anstehenden Wahl gesehen wird.

Herausforderer

Bei Herausforderern ergeben sich unterschiedliche Situationen. Für den auswärtigen Konkurrenten ohne eigene Geschichte vor Ort ergeben sich mehr Freiräume, um mit Identifikation und Projektion zu arbeiten bzw. das Wahlentscheidungsdreieck über alle drei Dimensionen hinweg im eigenen Sinne zu optimieren.[147]

Wehling zufolge stellt die Literatur überwiegend darauf ab, dass es Herausforderer aus der eigenen Kommune in Baden-Württemberg schwerer hätten. Dieser Befund kann auch mit dem Wahlentscheidungsdreieck in Einklang gebracht werden. Ein im Ort bekannter Bürger ist ähnlichen Restriktionen bezüglich des Persönlichkeitsaspekts ausgesetzt wie der Amtsinhaber. Ein beruflicher Hintergrund in der jeweiligen Kommunalverwaltung – etwa als Amtsleiter oder Beigeordneter – oder auch kommunalpolitisches Engagement im Gemeinderat führen zusätzlich zu einem geringeren Freiheitsgrad in der Entwicklung einer eigenen Programmatik.

Für die Neuwahlsituation gilt, dass bei sehr ähnlichen Kandidatenprofilen die Wahrscheinlichkeit besteht, dass ein Kandidat deutlich schlechter abschneidet, da das für ihn erreichbare Wählerklientel den anderen Bewerber bevorzugt.[148]

147 *Kern* 2008, S. 227–230.

148 *Abberger* 2013, S. 47 f., S. 288 f.

Hier sollten Kandidaten versuchen, Alleinstellungsmerkmale wirksam zu definieren und herauszuarbeiten. Das bezieht sich jedoch nicht allein auf thematische Fragen, also die sogenannten „Gewinnerthemen".[149]

Auch kann die Stringenz einer Wahlkampfplanung in dieser Situation einen echten Unterschied machen. Zu dieser Stringenz gehören auch die Überlegungen zur Kommunikation, wie also die Persönlichkeit und die Themenwahl in prägnante Botschaften gefasst und wie diese wiederum effektiv kommuniziert werden sollen. „Framing" bzw. Kommunikationsarbeit kann damit die Grenzen dessen, was glaubwürdig ist, verschieben und auf diese Weise die Dynamik eines Wahlkampfes nachhaltig beeinflussen. Die US-amerikanische Wahlkampfmanagerin Kellyanne Conway brachte in einem Interview 2016 das kommunikative Ziel für die Präsidentschaftswahl auf den Punkt:

> *„If this race is a referendum on her [Hillary Clinton; d. Verf.], you win. But right now, it's a referendum on you [Donald Trump; d. Verf.]. And if it's a referendum on you, then 90 percent of the media coverage is about you, 90 percent of her campaign is about you, and she escapes scrutiny and liability, really, for the things she's done, the things she's said and the candidate she is and is not."*[150]

IV. Der Kontextfaktor Wahlsituation

Während in den nachfolgenden Kapiteln zur Auswertung der Wahlen drei *Wahl(ergebnis)typen* voneinander unterschieden werden sollen, beschränkt sich der analytische Blick jetzt auf die beiden ex ante erkennbaren Typen, den Wiederwahlversuch und die Neuwahl. Bei der Wiederwahl können zwei Rollen unterschieden werden: die des wiederkandidierenden Amtsinhabers und die des Herausforderers. Bei der Neuwahl im hier gebrauchten Sinne des Wortes besteht nominell kein Vorsprung „von Amts wegen" für einen der Kandidaten. Damit erfordert auch eine Wiederwahlkampagne andere Vorgehensweisen und unterliegt anderen Rahmenbedingungen als eine Kampagne von Herausforderern oder Kandidaten bei Neuwahlen.[151]

1. Die Wiederwahlsituation für Amtsinhaber

Ein amtierender Bürgermeister kann darauf vertrauen, dass er vonseiten der Wählerschaft gedanklich mit dem Amt verknüpft wird. Ob dies als Bonus

149 *Moeller/Jungblut* 2015; S. 25.

150 *Gilmore* 2016.

151 *Kern* 2008, S. 319 ff.

oder Malus wirkt, ist jedoch nicht nur eine Frage objektiv zu beurteilender Fakten, sondern auch eine Frage der Wahlkampfführung.

Im Vorfeld der Wahl muss kritisch die eigene Rolle auf Stärken und Schwächen hin untersucht werden. Dies beginnt bei der Wahl acht Jahre zuvor: Wurde der Kandidat als unangefochtener Favorit von einem breiten Bündnis getragen, war der Wahlkampf fair oder eine Schlammschlacht? Auch ist eine Partei, die acht Jahre zuvor das Rathaus „verloren" hat, eher auf der Suche nach einem Gegenkandidaten, um gleichsam ein „Rückspiel" zu organisieren.

Ein insgesamt zufriedener Gemeinderat sucht seltener einen Gegenkandidaten, eine vom Amtsinhaber enttäuschte Fraktion häufiger. Es sind auch Initiativkreise von Bürgern bekannt, die per Annonce nach Kandidaten suchten, so etwa vor einigen Jahren in Ettenheim.[152] Auch hier muss es einen Kern merklich Unzufriedener geben, der zu identifizieren ist. Ebenso ist bekannt, von welchen Wählergruppen der Amtsinhaber das letzte Mal gewählt wurde und von welchen nicht.

Die gleichen Überlegungen helfen nicht nur bei dieser Einschätzung der Wahrscheinlichkeit des Auftretens eines Gegenkandidaten, sondern auch bei der Frage, welche Positionen ein Herausforderer vertritt, was er kritisiert und wo er Veränderungen verspricht.

Von Amtsinhabern wird eine Vertrautheit mit den örtlichen Gegebenheiten erwartet, also eine detaillierte Sprechfähigkeit zu allen Themen; sie müssen die Leistungsbilanz auch gegen selbstgeweckte Erwartungen aus dem Wahlkampf vor acht Jahren verteidigen können und Perspektiven aufzeigen.[153] Durch ihre Möglichkeit der Agendakontrolle können Amtsinhaber die Themen setzen bzw. ihnen missliebige Themen verzögern. Sie haben viele Möglichkeiten, sich durch ihr Amt über die lokalen Printmedien in Szene zu setzen.[154] Nicht zuletzt haben Amtsinhaber einen inhärenten Zeitvorteil. Die Entscheidung, wieder anzutreten oder nicht, liegt bei ihnen; daher können sie viel früher mit der Planung des Wahlkampfs beginnen als der typische Herausforderer.

Sie müssen allerdings sorgsam darauf achten, ihre Amtsführung und ihr Wiederwahlbemühen voneinander abzugrenzen. Dies betrifft den Einsatz von Mitarbeitern genauso wie als offizielle Grußworte getarnte Wahlkampfreden.

---

152 *Badische Zeitung* v. 23.07.2018.

153 *Kern* 2008, S. 319.

154 *Wehling* 2000, S. 172–175.

Für wiederkandidierende Bürgermeister liegt es nahe, den argumentativen Teil des Wahlkampfes über einen Dreiklang zu führen:

1) In den acht Jahren wurde Bestimmtes erreicht.

2) Daraus leiten sich neue Perspektiven ab.

3) Deshalb sollte dieselbe Person weiter in Verantwortung bleiben.

Hieraus ergeben sich freilich auch Gefahrenpotenziale. Der wiederkandidierende Bewerber muss es vermeiden, in eine reine Rückschau abzugleiten und die Zukunftsorientierung zu vernachlässigen. Auch besteht die Gefahr, selbstgefällig zu wirken, sich nicht als der dynamische Macher, sondern als „One-Man-Show“ zu inszenieren.

Dem Neuigkeitsbedürfnis der interessierten (Medien-)Öffentlichkeit sollten auch wiederkandidierende Amtsinhaber Rechnung tragen und entsprechende Konzepte und Veranstaltungen anbieten.

Auch ist das Repertoire von Amtsinhabern im Umgang mit ihren Konkurrenten eingeschränkt – zu große Aggressivität diesen gegenüber wird negativ ausgelegt.[155] Dabei ist es in hohem Maße von der jeweiligen Persönlichkeit und Situation abhängig, ob ein Verhalten als Souveränität oder Arroganz, als Gelassenheit oder Resignation interpretiert wird. Alle Quellen betonen allerdings übereinstimmend die Wichtigkeit der Authentizität des Kandidaten. Dies gilt besonders für den Amtsinhaber, der – im Unterschied zum (auswärtigen) Herausforderer – eine „Geschichte“ vorzuweisen hat.

2. Die Wiederwahlsituation für Herausforderer

In der Regel starten Herausforderer mit geringerer Bekanntheit als der Amtsinhaber, zumal wenn es sich um Kandidaten von außen handelt. Ausnahmen sind Kandidaturen von im Ort bekannten Persönlichkeiten.

Herausforderer sind in der Regel bestrebt, die Diskussion auf die Frage des politischen Stils, des Umgangs, der Zugänglichkeit sowie der Art der Entscheidungsvorbereitung und Entscheidungsfindung zu lenken. Sie argumentieren etwa wie folgt:

1) Ein anderer Stil als bisher führt zu besseren Ergebnissen oder löst Blockaden auf.

2) Deshalb sollte eine andere Person in Verantwortung kommen.

Dies gilt insbesondere für Kandidaturen aus dem Gemeinderat oder von Beigeordneten, die bestrebt sind, ihre Erfahrung durch die Mitwirkung an

155 *Kern* 2008, S. 319–332.

den Sachentscheidungen der Vergangenheit darzustellen. Diese müssen allerdings darauf achten, mit ihrer Kritik an getroffenen Entscheidungen nicht auch versehentlich gegen die eigene Arbeit Stellung zu beziehen.

Auch sind Herausforderer bestrebt, sich nicht auf Detaildiskussionen einzulassen, die sie in der Regel nicht gewinnen können, da der Amtsinhaber einerseits über mehr Detailkenntnisse verfügt und andererseits für den Großteil der Wähler dadurch keine signifikanten Unterschiede deutlich gemacht werden können, was wiederum die Position des Amtsinhabers begünstigt.

Auch gilt es, das öffentliche Bild des Amtsinhabers in das Kalkül zu ziehen. Von einer direkten Bezugnahme wird generell abgeraten. Ein vorherrschendes negatives Bild des Amtsinhabers spricht für sich; davon losgelöst sollte vor allem versucht werden, die eigenen Stärken zu betonen.[156]

3. Die Wahlsituation bei Neuwahlen

Die Neuwahlsituation zeichnet sich normalerweise dadurch aus, dass der Wahlkampf offener gestaltet ist. Für Kandidaten ist dabei auch das Verhältnis zum nicht mehr kandidierenden Vorgänger zu klären. Kandidaten können aufgrund ihrer Vita eher unfreiwillig als Kontinuitätskandidat wahrgenommen werden, wenn sie als Mitarbeiter, Beigeordneter oder langgedienter Gemeinderat als Weggefährte des noch amtierenden Rathauschefs gesehen werden. In dieser Rolle ist die klare Distanzierung schwierig, da sie eventuell auch die eigene Leistungsbilanz bzw. die berufliche Vita angreift. Hier einen klugen, ansprechenden Mittelweg zu finden, ist schwierig. Zudem fehlt dem internen Bewerber unter dem Aspekt der „Projektion“ die Distanz, die es ermöglichen würde, im Bewerber das subjektiv Gewünschte zu sehen – es besteht über ihn in der Regel bereits ein gefestigtes Bild.

Entscheidend ist auch die Einschätzung des Standings des Vorgängers. Es beeinflusst, ob Kontinuität gewünscht oder ein radikaler Gegenentwurf gesucht wird.[157]

Für externe Kandidaten besteht eine größere Freiheit in der Gestaltung ihrer Nähe oder Distanz zum Amtsinhaber. Sie ist jedoch auch nicht unbegrenzt, da die Nähe zu vorhandenen Akteuren hier einen Interpretationsrahmen für die interessierte Wählerschaft bietet. Einem sichtbar von Anhängern des alten Bürgermeisters unterstützten Kandidaten wird die glaubwürdige Distanzierung von diesem ebenso schwerfallen wie der Versuch eines Bewer-

156 *Moeller/Jungblut* 2015, S. 23.

157 *Abberger* 2013, S. 51.

bers aus dem Lager seiner Kritiker, Kontinuität zum Lebenswerk des bisherigen Amtsinhabers zu vermitteln. Auch stellt sich die Frage, ob der Versuch, auf künstlichem Wege Nähe oder Distanz zu erzeugen, bei den vorhandenen Unterstützern nicht mehr Kritik auslöst, als er Erfolg verspricht.

V. Der Kontextfaktor lokale Akteure

Losgelöst vom strukturellen Rahmen des Wahlkampfes sollen im Folgenden auch die politischen, kollektiven Akteure in den Blick genommen werden. Unter kollektiven Akteuren werden hier Zusammenschlüsse von Personen verstanden, die gemeinsame Ziele verfolgen, wie etwa Vereine, Parteien oder Fraktionen. Bei individuellen Akteuren handelt es sich um natürliche Personen: den Bürgermeister, den Fraktionsvorsitzenden, den Vereinsvorstand.

Wichtig ist für eine genaue Bewertung der jeweiligen Situation, die Akteure und ihr Verhältnis zueinander zu analysieren, um auf diese Weise auch deren Strategien bzw. ihre strategischen Möglichkeiten erahnen zu können.

1. Fraktionen

Der Gemeinderat besitzt eine Grundsatzkompetenz, d. h., alle grundsätzlichen Entscheidungen werden von ihm getroffen. Dazu gehört die Gemeindeentwicklungsplanung, das Budgetrecht mit Haushaltsplanung und mittelfristiger Finanzplanung, die Bauleitplanung sowie der Erlass von Richtlinien. Zudem besitzt er Kontrollrechte in Bezug auf den Vollzug seiner Beschlüsse und ein allgemeines Kontrollrecht bezogen auf Missstände,[158] definiert als „wiederholte und erhebliche Störung der Aufgabenerfüllung“[159].

Fraktionen als kollektive Akteure innerhalb des Gemeinderats können homogen sein und sehr geschlossen wirken oder mit geringer Fraktionsdisziplin sehr heterogen auftreten. Dies kann Teil einer gewachsenen politischen Kultur sein: So verbindet man mit kleinen Gemeinden oftmals lose Organisationen, in denen Fraktionszugehörigkeit keine oder nur eine geringe Rolle spielt. Indikatoren dafür sind z. B. eine Sitzordnung nach Stimmzahl, nicht nach Fraktionen, oder das Fehlen von Fraktionssitzungen. Mit *Bogumil et al.* gesprochen ist dies „Ausdruck der Schwäche der Parteien bei gleichzeitiger Dominanz der Persönlichkeiten in der kommunalen Vertre-

158 § 24 Abs. 1 Satz 3 GemO BW.
159 *Pautsch* 2017a.

tungskörperschaft und des hauptamtlichen Verwaltungschefs"[160], während in Großstädten die Funktionslogik konkurrenzdemokratischer parlamentarischer Systeme vorherrscht.

Die Heterogenität kann aber genauso ein Zeichen mangelnder Integrationskraft innerhalb der Fraktion sein, in der gemeinsame Präferenzen schlicht nicht artikuliert werden können. Logischerweise empfiehlt es sich, von der Betrachtung einer Fraktion des Gemeinderats nicht auf alle zu schließen, da Unterschiede existieren können.

Die Frage der Homogenität kann den Blick auch weiterlenken auf Fragen der Strategiefähigkeit. Es gibt Fraktionen, die selbstdefinierte, langfristige Ziele verfolgen; andere hingegen reagieren nur ad hoc auf Vorlagen der Verwaltung. Daraus leitet sich jeweils auch ein anderer Umgang mit Kandidaten ab.

Ein für Bürgermeisterwahlen bedeutender Faktor ist die Fähigkeit der Fraktion, als Multiplikator in die Bürgerschaft zu dienen. Dies wird bei der „Honoratiorenwahl" denklogisch unterstellt, da „einflusslose Honoratioren" eine in sich widersprüchliche Vorstellung sind. Angesichts anderer Faktoren wie dem Trend zur Listenwahl, dem Generationswechsel und gesellschaftlichen Verschiebungen ist dies aber genauer zu betrachten.

Zudem muss das Verhältnis der Fraktionen untereinander berücksichtigt werden. Ideologische Nähe lässt dabei nicht zwingend auf ein gutes Verhältnis schließen, auch persönliche Zu- oder Abneigungen können eine wichtige Rolle spielen. Auch sind Fraktionen in unterschiedlicher Weise um Abgrenzung zum Rest des Gemeinderats bemüht. Hierbei spielt die Verortung bzw. Herkunft der Fraktion eine Rolle, so z. B. milieuspezifisch als „Alternative Liste" oder bei Gruppen, die durch Abspaltung aus anderen Fraktionen hervorgegangen sind. Daraus leitet sich auch ein anderes Rollenverständnis ab, das bei der Unterstützung von Gegenkandidaten oder Einheitsbewerbern eine Rolle spielen kann.

Zudem spielt das Verhältnis von Fraktion und örtlicher Partei eine Rolle. Dies kann von vollständiger Interessenidentität reichen, wenn z. B. Fraktionsführung und Ortsverbandsvorsitz in einer Hand sind oder „Graue Eminenzen" im Hintergrund für Homogenität sorgen. Das Verhältnis kann aber genauso von persönlichen Konflikten und geringer Übereinstimmung geprägt sein. Im letzteren Fall sollten die Parteien getrennt von den Gemeinderatsfraktionen untersucht werden.

---

160 *Bogumil et al.* 2014, S. 625.

Abb. 5 Überlegungen zur Analyse des kollektiven Akteurs „Fraktion"

Eigene Bewerber und Unterstützung

Bei Bürgermeisterwahlen können weitere Aspekte hinzukommen, die es erschweren, die Positionierung von Fraktionen in jedem Fall eindeutig zu bestimmen. Angesichts der wie ausgeführt starken Stellung des Bürgermeisters im kommunalen Gefüge sehen Parteien und Fraktionen unbestritten einen Vorteil darin, einen ihnen nahestehenden Bürgermeister zu stellen. Einen eigenen Bewerber aufzustellen, birgt andererseits die Gefahr eines peinlichen Misserfolgs, wenn der Bewerber mit blamablem Ergebnis unterliegen sollte. Zudem kommen die hohen Wahlkampfkosten für den Bewerber und die ihn ggf. unterstützenden Parteiorganisationen hinzu.

Die Unterstützung eines Kandidaten einer ideologisch nahestehenden Partei oder Fraktion ist allerdings auch kein Selbstläufer. Eine Partei, die das strategische Ziel hat, stärkste Kraft zumindest des eigenen politischen Lagers zu sein, hat nicht das Interesse, einen Bürgermeister zu unterstützen, der stark mit der Konkurrenz im gleichen Lager verbunden ist.

Umgekehrt kann das politische Ziel, einen als hegemonial empfundenen Mitbewerber durch einen gemeinsamen Gegenkandidaten einzugrenzen, zur Unterstützung eines ideologisch etwas weiter entfernteren Kandidaten führen – so geschehen etwa in Köln, als sich ein Allparteienbündnis gegen eine starke SPD zusammenfand.[161]

2. Gesellschaftliche Gruppen

Nicht unbekannt sind Zeitungsanzeigen, mit denen Interessengruppen nach Kandidaten suchen, typischerweise nach Herausforderern für Amts-

161 *Stadt Köln* o. J.

inhaber. Dies geschieht teils mit der Unterstützung von Gruppierungen des Gemeinderats, teils ohne.[162]

Deshalb ist es sinnvoll, gesellschaftliche Machtzentren innerhalb der Gemeinde zu analysieren. Klassische Vertreter wie örtliche Organisationen des Einzelhandels und der Selbstständigen, sport- und musiktreibende Vereine haben Interessen, die sie in unterschiedlicher Weise in Wahlkämpfen geltend machen können. Nicht erfüllte Erwartungen und Versprechen der Vergangenheit sowie unterschiedliche Sichtweisen über Entwicklungspotenziale können dazu führen, dass sich diese Akteure bei Wahlen mit herausgehobener Stimme artikulieren werden.

Je nach örtlicher Struktur kann es auch einflussreiche Dachverbände im Bereich Sport oder Musik geben, in denen Strippenzieher mit und ohne Funktion im Hintergrund Dinge bewegen. Auch hier ist im Einzelfall zu analysieren, wie homogen, strategiefähig und relevant die Gruppe ist. So kann die kommunalpolitische Positionierung eines Vereinsvorstands je nach Lage für die Mitgliederschaft sehr bedeutsam sein oder irrelevant; ein örtlicher Bund der Selbstständigen kann in der Bewertung von Kandidaten gespalten sein. Oft ist nicht mit einer eindeutigen Positionierung im Sinne einer offenen Parteinahme zu rechnen. Allerdings gibt es auch unterhalb der offiziellen Erklärung Möglichkeiten, diskret Unterstützung zu signalisieren – sei es durch die Auswahl von Fotos für Berichte, die den Kandidaten zeigen oder nicht, Wahlaufrufe mit unterschwelliger Botschaft oder die Formulierung von Wahlprüfsteinen, die einen Kandidaten bevorteilen sollen.

Zu den notwendigen Überlegungen gehört auch eine Beschäftigung mit der Frage, wie viel Einfluss sowohl eigene Multiplikatoren als auch die Unterstützer anderer Kandidaten auf den jeweiligen Verein ausüben können.

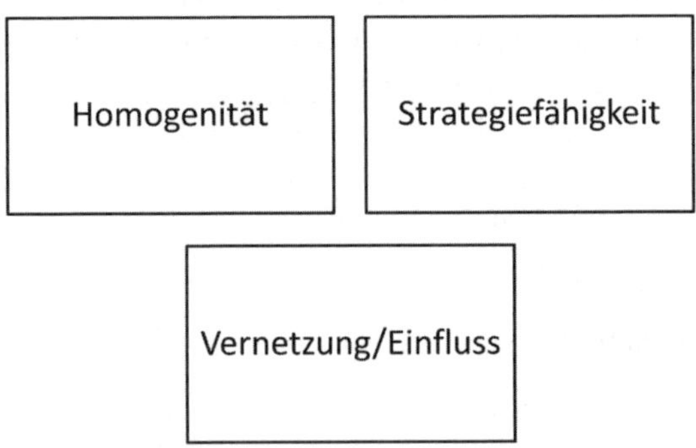

Abb. 6 Überlegungen zur Einschätzung von gesellschaftlichen Gruppen

162 *Schwäbische Zeitung* v. 13.08.2022.

3. Ortsteilbezogene Akteure

Auch wenn seit den Kommunalreformen der 1970er-Jahre mittlerweile fünfzig Jahre ins Land gegangen sind, sind ortsteilspezifische Diskussionen nach wie vor relevant. Dies bringt ein Zitat des Oberbürgermeisters der ehemals badischen Stadt Eppingen aus dem Jahr 2019 prägnant auf den Punkt:

> *„Wir haben zwei württembergische Gemeinderäte. Sie werden es net erleben, wenn wir offiziell wie beim Altstadtfest inbrünstig das Badnerlied singen, dass die mitsingen – obwohl es die Generation von Dreißigjährigen ist. Einer hat sogar mal die Bühne verlassen.“*[163]

Zu historisch gewachsenen Befindlichkeiten können aber auch handfeste Zukunftsfragen kommen: Die Schließung von Kindergärten, Schulen und Hallen, die Einrichtung von Flüchtlingsunterkünften, die Ausweisung von Gewerbe- und Wohnbauflächen oder der Verzicht auf diese kann sich in die wahlerhebliche Empfindung, „vergessener Ort“ oder „fünftes Rad am Wagen“ zu sein, übersetzen. Der Strukturwandel mit der Aufgabe inhabergeführter Geschäfte und dem Rückzug von Filialen in der Fläche kann diese Wahrnehmung verstärken. Gerade im Zusammenspiel mit örtlichen Institutionen wie Vereinen etc. kann hier wahlkampfrelevante Stimmung erzeugt werden. Insbesondere Amtsinhaber sind daher gut beraten, auch die Entwicklung in Ortsteilen der Kommune im Hinblick auf ihre Wiederwahlchancen kritisch zu analysieren.

VI. Zusammenfassung der Strategie in Wahlsituationen

In vielen Wahlkämpfen sind Defizite in der Professionalität der Durchführung zu beobachten. Aus diesem Grund wurde hier der Einsatz eines Drei-Phasen-Modells vorgeschlagen, das bei der Systematisierung, Strukturierung und Sequenzierung einer Wahlkampfplanung dienlich sein kann. Dabei werden die drei Phasen *Analyse*, *Vorbereitung* und *Wahlkampf* voneinander unterschieden. In der ersten Phase geht es vor allem um den Erwerb von Wissen über den anstehenden Wahlkampf sowie über die Kommune und ihre Akteure. In der zweiten Phase sind die notwendigen Vorbereitungsschritte enthalten, die in der dritten Phase, der eigentlichen Wahlkampfphase, der Wählerschaft präsentiert werden. Der Dynamik und Veränderlichkeit, der Wahlkämpfe stets unterworfen sind, muss dabei laufend Rechnung getragen werden.

---

163 *Stuttgarter Nachrichten* v. 14.08.2019.

Neben dem organisatorischen Element ist Kommunikation im Verbund mit dem „Framing" entsprechender Botschaften ein Teil der notwendigen Überlegungen, die sich durch alle Phasen durchziehen. Kommunikation ist sowohl für die Amtsführung eines Bürgermeisters als auch für die Handlungen eines Kandidaten von entscheidender Bedeutung. Die Frage, welche Botschaft an welche Zielgruppe in welcher Form gesendet wird, sollte keine Ad-hoc-Entscheidung sein und muss im Planungsprozess von früh an berücksichtigt und tief verankert sein.

Die wahlentscheidenden Orientierungen können nach *Person, Thematik* und *Parteibindung* unterschieden werden. In der Literatur werden hier zwar im Detail unterschiedliche Schwerpunkte gesetzt, die Persönlichkeit des Kandidaten ist aber nach übereinstimmender Einschätzung der für die Wahl ausschlaggebende Faktor. Mit dem Wahlentscheidungsdreieck kann dargestellt werden, dass die drei Aspekte Persönlichkeit –Themen – Partei in Verbindung zueinander stehen.

Die Anwendung des Wahlentscheidungsdreiecks auf Herausforderer und Amtsinhaber ergibt jeweils unterschiedliche Rollen und Freiheiten in der Wahlkampfführung. Deshalb ist der Kontextfaktor der spezifischen Wahlsituation für die Entwicklung einer adäquaten Rollenwahrnehmung von hoher Bedeutung. Aus diesen Rollen ergeben sich sowohl Vorteile als auch Nachteile: Der Bekanntheit, den Möglichkeiten der Selbstinszenierung und der Agendakontrolle des Amtsinhabers stehen die Möglichkeiten von (unbekannten) Herausfordern gegenüber, Projektionsfläche für Wünsche und Hoffnungen zu sein. Die angestellten Überlegungen zeigen auch auf, weshalb der im Ort bereits bekannte Kandidat oft einen Malus aufweist.

Ebenfalls berücksichtigen muss der Kandidat die Spezifika der örtlichen Akteurskoalition, die Fraktionen, die gesellschaftlichen Gruppen sowie die ortsteilspezifischen Akteure, die ihre eigenen Interessen formulieren und artikulieren werden. Amtsinhaber müssen zum einen die Fähigkeit haben, Veränderungen, die sich in der letzten Amtszeit ergeben haben, zu erkennen. Zum anderen müssen sie dazu in der Lage sein, die Auswirkungen der eigenen Amtsführung und aufgetretener externer Effekte auf ihre eigene Wählerkoalition der letzten Wahl zu bewerten.

D. Empirische Auswertung der baden-württembergischen Bürgermeisterwahlen 2005–2022

In diesem Kapitel wird die Auswertung der im *Staatsanzeiger* veröffentlichten Wahlergebnisse und supplementärer Quellen zwischen 2005 und 2022 dargestellt. Dabei stehen die Anzahl der Wahlen, die Untersuchung der Wahlergebnisse sowie die Entwicklung der Abwahlen im Untersuchungszeitraum im Mittelpunkt. Der Untersuchung entzieht sich, wie viele Bürgermeister in Kenntnis schlechter Wiederwahlchancen auf eine erneute Kandidatur verzichteten. Die Wiederkandidatur kann einen Einfluss auf die Pensionsansprüche von Bürgermeistern haben.[164] Andererseits nimmt der freiwillige Verzicht der Literatur zufolge bereits seit Längerem zu. Nach einer Befragung des Verbandes der Bürgermeister aus dem Jahr 1992 ist von einer steigenden Anzahl von Amtsinhabern auszugehen, die von sich aus auf eine erneute Kandidatur verzichten. So wollten nach dieser Befragung 70 % der amtierenden Bürgermeister nicht bis zur Altersgrenze im Amt bleiben.[165] Betrachtet man den gesellschaftlichen Wertewandel und Erkenntnisse über Präferenzwechsel im Arbeitsleben, kann von einer weiteren Verstärkung dieses Trends ausgegangen werden. Auch jüngere Untersuchungen deuten darauf hin.[166]

In der folgenden Untersuchung spielt auch die Einteilung der Kommunen in Größenklassen eine Rolle. Die Kommunale Gemeinschaftsstelle für Verwaltungsmanagement (KGSt) nimmt hierzu eine siebenstufige Einteilung vor.[167] Drei der sieben Größenklassen werden auf Kommunen über 100.000 Einwohner und nur eine Größenklasse auf die Kommunen unter 10.000 Einwohner bezogen. Da über die Hälfte der baden-württembergischen Kommunen weniger als 5.000 Einwohner und nur neun Kommunen über 100.000 Einwohner haben, wäre diese Klassifikation hier nicht besonders aussagekräftig.[168]

Das Statistische Landesamt Baden-Württemberg nimmt hingegen eine Einteilung in zehn Größenklassen vor.[169] Eine weitere Variante unterteilt die kreisangehörigen Kommunen in acht Größenklassen und die Stadtkreise in vier. Sie unterscheidet sich im Hinblick auf die kreisangehörigen Kommu-

164 *Roth* 1998; *Jäckl/Lindemann* 2016, S. 14.

165 *Bäuerle* 1998.

166 *Klein* 2013, S. 66–68.

167 *KGSt* o. J.

168 *Brachat-Schwarz* 2015.

169 *Brachat-Schwarz* 2006, S. 47.

nen von der vorigen durch die Zusammenfassung der Gruppe 1.000 bis 2.000 mit 2.000 bis 3.000 Einwohnern. Dieser letztgenannten Einteilung wird hier der Vorzug gegeben, da sich mit ihr aussagekräftige Fallgruppen bilden lassen. Dies gilt ebenso für die Zusammenführung der wenigen Städte über 100.000 Einwohner in eine Größenklasse. Da Fiskalbeziehungen und die unterschiedlichen Aufgaben und Kostenbelastungen von kreisangehörigen Kommunen und Stadtkreisen für dieses Buch keine Rolle spielen, kann die Unterscheidung nach Kreisfreiheit/Kreiszugehörigkeit hier unberücksichtigt bleiben.

I. Die Entwicklung der Wahlen

Im Folgenden wird die Entwicklung der Bürgermeisterwahlen nach ihrer Häufigkeit und ihrem Ergebnistyp aufgeschlüsselt.

1. Anzahl der Wahlen und Wahlen pro Jahr

Wie eingangs erörtert, unterliegt die Anzahl der Wahlen jährlichen Schwankungen. Erfasst wurden 2.589 Bürger- und Oberbürgermeisterwahlen der Jahre 2005 bis 2022. Diese Wahlen können analytisch anhand der von ihnen hervorgebrachten Ergebnistypen unterschieden werden. Bei diesen Ergebnistypen handelt es sich entweder um Wiederwahlversuche (WWV) oder um Neuwahlen (NW), bei denen – so die Definition – kein Amtsinhaber antrat. Die Wiederwahlversuche wiederum gliedern sich auf in erfolgreiche Wiederwahlen (WW) und Abwahlen (AW).

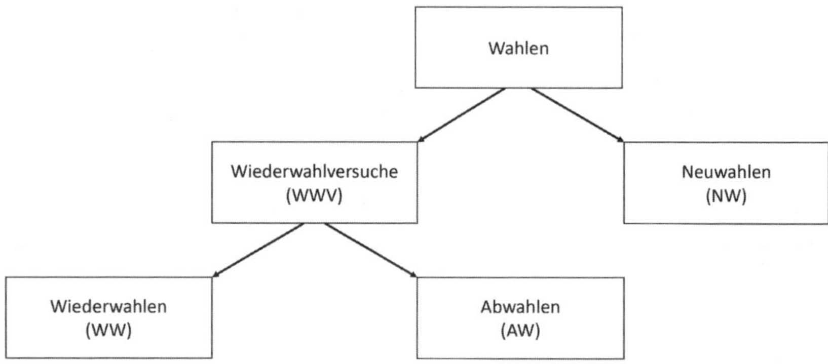

Abb. 7 Wahlen nach Ergebnistypen

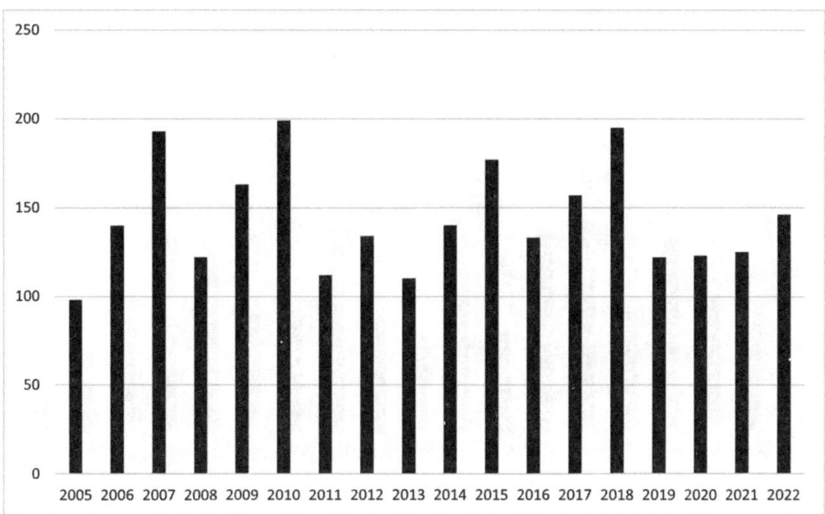

Abb. 8 Anzahl der Wahlen pro Jahr

Dabei ergibt sich eine beträchtliche Spannweite der absoluten Zahlen. Im Untersuchungszeitraum schwankt der Wert zwischen 98 Wahlen im Jahr 2005 und 198 Wahlen im Jahr 2010. Die unterschiedliche Verteilung auf die Jahre ist in erster Linie – wie bereits erwähnt – eine Folge der baden-württembergischen Kommunalreform, die viele Bürgermeisterwahlen nach Gemeindefusionen Mitte der 1970er-Jahre auslöste, was sich im achtjährigen Intervall der Amtszeit fortsetzt. Eine andere Häufung 2010 und 2018 ist hingegen auf die ursprünglichen Wahlrhythmen seit 1948 zurückzuführen.[170]

Eine Unterscheidung der Wahlen nach ihrem Ergebnistyp erlaubt hier eine genauere Betrachtung. Bereits diese Darstellung zeigt, dass unabhängig von der Zahl der Wahlen pro Jahr das Aufkommen der jeweiligen Ergebnistypen variiert.

170 *Schwarz* 2017, S. 24.

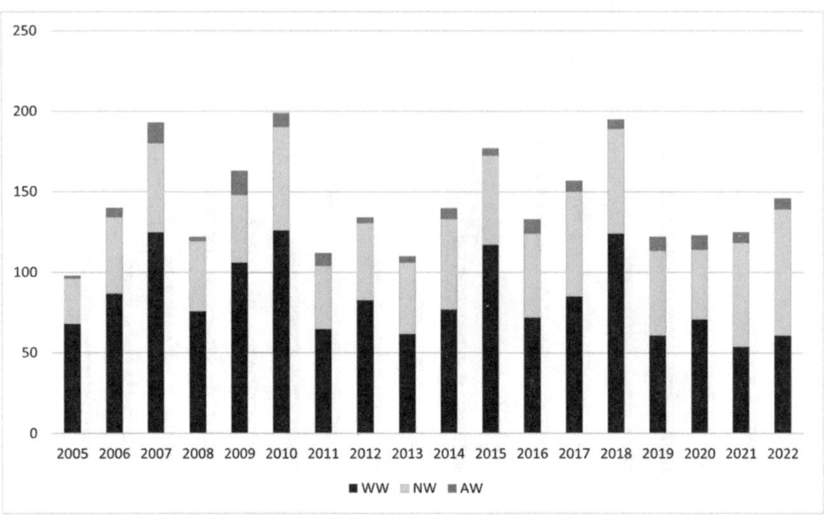

Abb. 9 Anzahl der Wahlen nach Ergebnistyp

Fraglich ist, ob sich im Zeitverlauf Änderungen der Zusammensetzung der Wahlen ergeben haben. Dazu werden im Folgenden relative Quoten in Abhängigkeit zur Gesamtzahl der Wahlen erstellt.

2. Entscheidung im ersten Wahlgang

Häufig äußern Beobachter, dass sie nicht mit einer Entscheidung im ersten Wahlgang rechnen. Ob dies ihrer wirklichen Überzeugung entspricht oder dem Wunsch, eine öffentliche Festlegung auf einen Sieger zu vermeiden, sei dahingestellt. Dieser Prognose stehen die Zahlen jedenfalls entgegen. 2.300 der hier betrachteten 2.598 Wahlen, also 88,83 %, wurden im ersten Wahlgang entschieden. Der Löwenanteil dieser Wahlen entfiel auf die erfolgreichen Wiederwahlen. 1.490 von 1.520 Wiederwahlen wurden im ersten Wahlgang entschieden. Das entspricht einem Anteil von über 98 %, was bereits einen Hinweis auf die Deutlichkeit vieler Wahlergebnisse, die an anderer Stelle untersucht wird, gibt. 717 von 939 Neuwahlen, also über 76 %, wurden im ersten Wahlgang entschieden. 71,5 % der Abwahlen erfolgten im ersten Wahlgang, also knapp 30 % im zweiten Wahlgang.

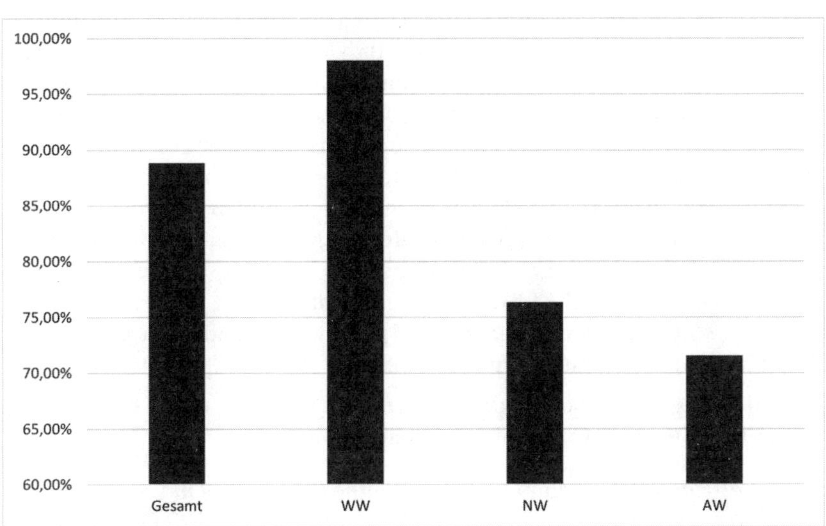

Abb. 10 Prozentuale Häufigkeit von Entscheidungen im ersten Wahlgang nach Ergebnistyp

3. Entwicklung der Kandidatenfelder

Nach *Wehling* werden amtierende Bürgermeister oftmals ohne Gegenkandidaten wiedergewählt.[171] Damit verbunden ist die Vorstellung, dass die Bewerbung von Gegenkandidaten für sich schon als Zeichen für eine verbreitete Unzufriedenheit mit der Arbeit des Bürgermeisters interpretiert werden kann. Viele Kandidaten treten objektiv ohne Siegeschance oder sogar Siegesabsicht an: Die Mitglieder der Partei „Nein-Idee" wollen etwa selbst im Fall der Wahl das Amt nicht antreten; auch Dauerbewerber äußern sich gelegentlich negativ über ihre eigenen Chancen.[172] Aber auch ohne das Fernziel, das Amt der Kanzlerin anzustreben[173] oder die örtliche Seenlandschaft mit Kristallen aktivieren zu wollen[174], gibt es in vielen Wahlkämpfen Bewerber, die objektiv das Anforderungsprofil und die Chancen ihrer Kandidatur falsch einschätzen. Auch trat die Satirepartei „DIE PARTEI" bei der Bürgermeisterwahl in Bad Herrenalb 2019 gleich mit einer Vielzahl von Bewerbern an.[175]

171 *Wehling* 2012, S. 70.

172 *Stuttgarter Zeitung* v. 23.09.2014a.

173 *Waiblinger Kreiszeitung* v. 05.02.2018.

174 *Stuttgarter Zeitung* v. 15.02.2018.

175 *Hinderer* 2020.

Der Impuls zur Aussonderung von „Dauerbewerbern" oder „Juxkandidaten" ist zwar naheliegend, aber in der Praxis schwierig umzusetzen. Wie viele Anläufe kann ein Kandidat nehmen, bevor er zum Dauerkandidaten wird? Wie definiert sich „Seriosität"? Ein Versuch, niedrige Stimmanteile in eine Definition dieser Personengruppe einzubeziehen, birgt die Gefahr eines Zirkelschlusses: „Seriöse" Kandidaten kommen dann auf hohe Stimmanteile, weil sie als Bewerber mit einem hohen Ergebnis definiert sind, der Umkehrschluss setzt Erfolglosigkeit mit mangelnder Seriosität gleich. Auch erzielte der als „Remstalrebell" bekannte Helmut Palmer als Spitzenergebnis einmal 41 %.[176] Ein Gesetzentwurf der SPD-Landtagsfraktion vom Juli 2020 nennt das Ziel, „Spaßkandidierende" zu verhindern, liefert aber keinen Versuch einer Definition.[177]

In Anlehnung an das bekannte Zitat von Potter Stewart (1915–1985), Richter am U.S. Supreme Court, bleibt festzustellen:

> *„I shall not today attempt further to define the kinds of material […]; and perhaps I could never succeed in intelligibly doing so. But I know it when I see it."*[178]

Die dargestellte Schwierigkeit, das konkrete Phänomen unter eine Definition zu subsumieren, ist nicht der einzige Grund dafür, auf den Ausschluss von Juxkandidaten zu verzichten. Die durchgeführte Analyse basiert auf statistischen Auswertungen; für eine Erfassung der zu einer Kandidatur motivierenden Gründe wäre eine völlig andere Vorgehensweise notwendig. Auch entspricht dieser Verzicht in letzter Konsequenz der vollen Bedeutung der Persönlichkeitswahl: Es gibt Bewerber, die von der „Papierform" her absolut wählbar, vom Eindruck, den sie als Persönlichkeit hinterlassen, jedoch unwählbar sind – und umgekehrt.

Im Normalfall ließen sich detaillierte Angaben zum Kandidatenfeld ermitteln. Bei 1.520 Wahlen wurde der Amtsinhaber wiedergewählt. Dabei traten 774 Bewerber ohne einen Gegenkandidaten an, d. h. über die Hälfte. Eine „Abwahl" im Wortsinne ist ohne Gegenkandidaten denklogisch unmöglich. Allerdings sieht das Wahlrecht die Möglichkeit vor, Personen auf den Stimmzettel zu schreiben, die ihre Kandidatur selbst nicht erklärt haben. Prominentester Fall hierfür ist die Oberbürgermeisterwahl in Albstadt 2015[179], bei der ein nicht kandidierender Gemeinderat im ersten Wahlgang

176 *Abberger* 2013, S. 156, S. 288 f.

177 *Landtag von Baden-Württemberg* 2020.

178 *U. S. Supreme Court*, Jacobellis v. Ohio, 22.06.1964, 378 U.S. 184 (1964).

179 *Die Welt* v. 12.03.2015.

vorne lag, um dann im zweiten Wahlgang auch erfolgreich zu kandidieren. Bei der Oberbürgermeisterwahl in Nürtingen im Jahr 2011 erhielt die nicht kandidierende Kulturbürgermeisterin im zweiten Wahlgang 32 % der Stimmen.[180] Die „wilde Wahl", also ein Stimmzettel ohne bereits feststehende Kandidaten, ist in sehr kleinen Gemeinden, oft mit ehrenamtlichen Bürgermeistern, gelegentlich festzustellen.

Auch 77 der 923 im Untersuchungszeitraum zur Neuwahl angetretenen Kandidaten hatten keinen Mitbewerber zu fürchten. Insbesondere in kleineren Gemeinden steigt die Wahrscheinlichkeit für dieses minimale Bewerberfeld an. Allerdings gelangten im Untersuchungszeitraum auch fünf Oberbürgermeister von Städten mit über 20.000 Einwohnern auf diese Weise ins Amt.

Die 130 Abwahlen waren in 53 Fällen Duelle zwischen zwei Bewerbern. Dabei ist zu beachten, dass 14 dieser Wahlen im zweiten Wahlgang, also der eigentlichen „Neuwahl" im Sinne der Gemeindeordnung entschieden wurden, was das Kandidatenfeld ausdünnen kann, aber nicht muss. 39 Wahlen wurden im ersten Wahlgang entschieden.

In 47 Fällen kandidierten drei Bewerber, in 30 Fällen vier oder mehr Bewerber. Die Wahlen wurden also weitaus häufiger in einer „Zweikampfsituation" entschieden als unter einer Vielzahl von Kandidaten.

Fraglich ist dabei, wie sich die Bewerberzahl über die Jahre hinweg entwickelt hat. Die Literatur geht teilweise von rückläufigen Bewerberzahlen aus. Im Mittel bewarben sich 2,35 Kandidaten bei jeder Wahl, davon 1,72 bei den erfolgreichen Wiederwahlen, 3,29 bei den Neuwahlen und 2,93 bei den Abwahlen. Der niedrige Wert erklärt sich durch die Vielzahl der (kleineren) Kommunen, in denen Amtsinhaber ohne Gegenkandidaten wiederkandidierten.

180 *Nürtinger Zeitung* 2011.

Im Zeitverlauf kann die folgende Entwicklung festgestellt werden (Abb. 11):

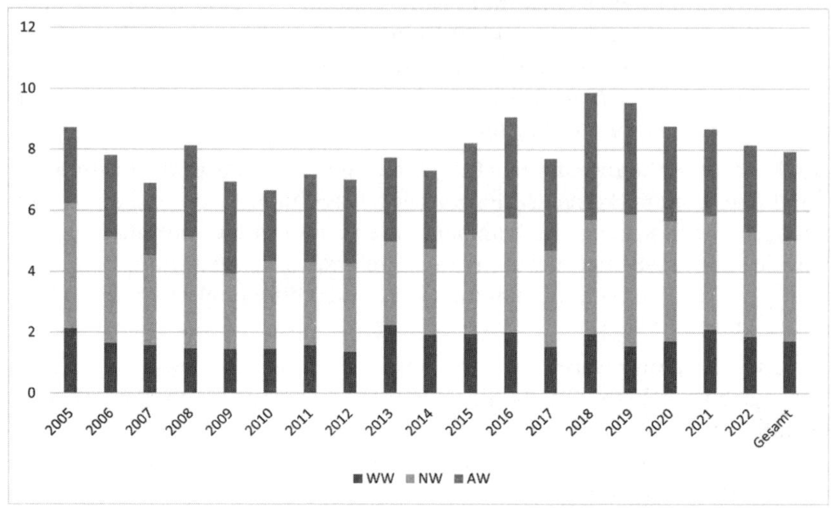

Abb. 11 Entwicklung der Kandidatenfelder

Der Befund lautet also, dass nicht pauschal von einem Bewerbermangel gesprochen werden kann. Keine Aussage kann hier über die Entwicklung der Qualität – d. h. die Eignung und Befähigung – der Kandidaten getroffen werden, da es sich vorliegend um eine bloß quantitative Betrachtung handelt.

4. Entwicklung der Wahlbeteiligung

Fraglich ist, wie sich die Wahlbeteiligung im Untersuchungszeitraum entwickelt hat. In den letzten Jahrzehnten konnte für Deutschland ein genereller Trend zu rückläufigen Wahlbeteiligungen ausgemacht werden.[181]

Untersucht wurden 2.589 Datensätze. In drei Fällen konnten keine Angaben zur Wahlbeteiligung ermittelt werden. In den verbleibenden 2.586 Fällen ergibt sich eine durchschnittliche Wahlbeteiligung von 52,79 % (arithmetisches Mittel) bei einer Standardabweichung von 14,03 Prozentpunkten. Die Extremwerte liegen bei 16,4 % in zwei Großen Kreisstädten mit wiederantretenden Oberbürgermeistern ohne Gegenkandidat und bei 88,9 % bei dem seltenen Fall einer Abwahl in einer Gemeinde unter 1.000 Einwohnern. Die als Differenz der Extremwerte definierte Spannweite beträgt also 72,5 Prozentpunkte. Bei den Großstädten lag die Wahlbeteiligung in Freiburg 2018 mit 51,7 % auf einem Spitzenwert in dieser Größenklasse. Auch die großen

181 *Klein* 2013, S. 11.

Universitätsstädte Konstanz und Tübingen erreichten in den Jahren 2020 und 2022 Werte von über 60 %. Dies kann sicherlich auch mit der Wahlaffinität bildungsnaher Schichten erklärt werden.

Unterscheidet man die Wahlbeteiligung nach Ergebnistyp, so erreichen die 1.520 Wiederwahlfälle im Mittel eine Wahlbeteiligung von 47,7 % (Standardabweichung 13,69 Prozentpunkte, Spannweite 71,48). Die 939 Neuwahlfälle erreichen hingegen einen Wert von 60 % (Standardabweichung 11 Prozentpunkte bei einer Spannweite von 68,95). Der Wert der 130 Abwahlen liegt mit 60,3 % in der Nähe des Wertes der Neuwahlen (Standardabweichung 10,85 Prozentpunkte, Spannweite 52,5).

Betrachtet man die Entwicklung der Wahlbeteiligung im Zeitverlauf, stellt man zwar unterschiedliche Ausprägungen und Ausschläge nach oben fest, aber insgesamt eine Tendenz nach unten.

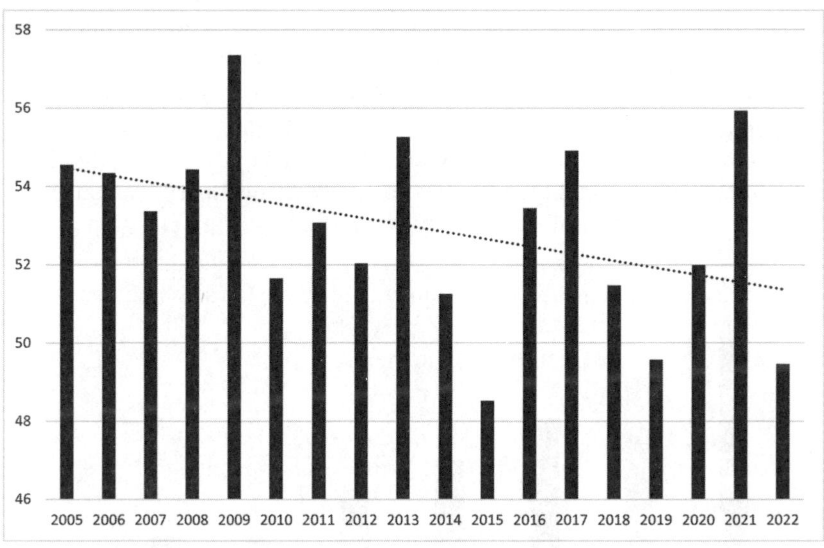

Abb. 12 Mittelwerte der Wahlbeteiligung im Zeitverlauf, in %

Erkennbar ist die fallende Trendlinie. Damit wird deutlich, dass die Wahlbeteiligung im Untersuchungszeitraum sinkt, was auch von anderen Wahlen bekannt ist. Für diese Tendenz werden in der Literatur unterschiedliche Ursachen diskutiert. Die Zufriedenheitsthese unterstellt, dass die generelle Zufriedenheit mit den Politikergebnissen zu einer Wahlmüdigkeit führt. Die Substitutionsthese geht davon aus, dass das politische Interesse auf anderen Wegen und nicht an der Wahlurne ausgelebt wird. Die Normalisierungsthese sieht hingegen in den hohen Werten der 1970er-Jahre einen statistischen Ausreißer und deutet die sinkende Wahlbeteiligung als Rückführung auf einen Normalwert.[182]

Die Wahlbeteiligung verbleibt auf einem relativ stabilen Niveau und unterschreitet im Untersuchungszeitraum nur in den Jahren 2015, 2019 und 2022 die 50-Prozent-Schwelle.

Einfluss der Gemeindegröße

Die Literatur sieht einen starken Einfluss des Faktors Gemeindegröße im Sinne eines Absinkens der Wahlbeteiligung bei zunehmender Bevölkerungszahl.[183] Zu den beteiligungsförderlichen Elementen auf der Individualebene gehört die Vertrautheit mit den örtlichen Gegebenheiten und die persönliche Bekanntschaft mit Entscheidungsträgern, was in kleineren Gemeinwesen leichter möglich ist als in größeren Kommunen. Bildungsniveau, soziale Stellung, Alter und Gesundheit haben ebenfalls einen hohen Einfluss auf die Entscheidung, an einer Wahl teilzunehmen.

Die vorliegenden Ergebnisse stützen diesen Befund. Die folgende Darstellung schlüsselt die durchschnittliche Wahlbeteiligung nach den Größenklassen der Gemeinden auf. Erkennbar sind sehr hohe Wahlbeteiligungen bei den kleineren Gemeinden: Bei bis zu 10.000 Einwohnern können Wahlbeteiligungen von weit über 50 % erzielt werden.

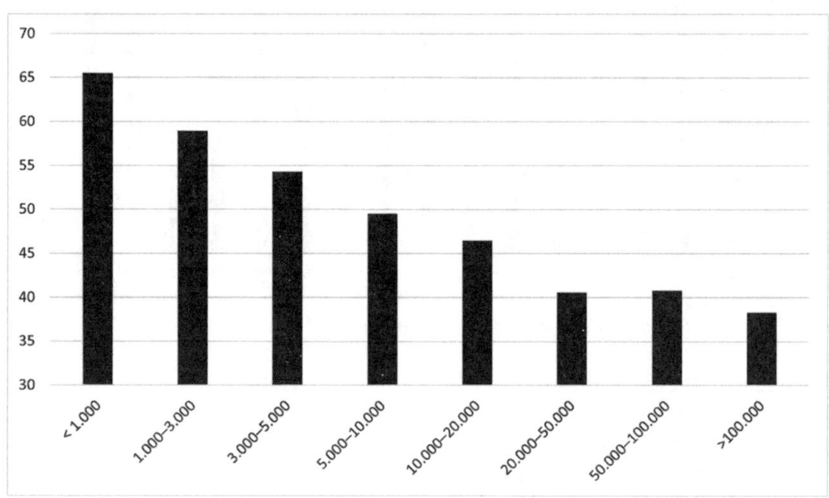

Abb. 13 Wahlbeteiligung nach Einwohnerzahlen, in %

182 *Decker/Lewandowsky/Solar* 2013, S. 44.

183 *Wehling* 2016, S. 26.

Erkennbar fällt die Wahlbeteiligung von fast zwei Dritteln der Wahlberechtigten in kleinen Gemeinden auf unter 40 % in Großstädten. Die beiden Größenklassen, die von den Städten zwischen 20.000 und 100.000 Einwohnern abgebildet werden, unterscheiden sich hingegen in ihrer Wahlbeteiligung praktisch nicht. Auch sinkt die Wahlbeteiligung zwischen diesen beiden Gruppen zur Gruppe der Großstädte nur noch um zwei Prozentpunkte ab. Dies kann für die größeren Städte durch die stärkere Parteipolitisierung der Oberbürgermeisterwahlen als gegenläufigem Effekt erklärt werden. Im Ergebnis unterscheidet sich die Wahlbeteiligung im Schnitt kaum noch, sobald *Ober*bürgermeister[184] zu wählen sind, also Stadtoberhäupter in Städten mit über 20.000 Einwohnern (§ 3 Abs. 2 GemO BW).

II. Die Ausprägung der Wahlergebnisse

Die in der Literatur vorherrschende Erfassung der Wahlen ist dichotom. Gewählt ist gewählt, abgewählt ist abgewählt. Diese klare Unterscheidung ist Sinn und Zweck der Wahlhandlung. Für die vorliegende Analyse soll der Wahlausgang jedoch etwas genauer untersucht werden und näherhin die Frage, ob Bürgermeisterwahlen eher knapp entschieden werden oder deutlich. Hierzu dient die Erfassung des Stimmenanteils des Amtsinhabers.

In der nachfolgenden Tabelle sind die Stimmanteile für 1.650 Wiederwahlversuche[185], also die erfolgreichen Wiederwahlen und die Abwahlen, in sechs Kategorien eingeteilt, je drei Kategorien für erfolgreiche und nicht erfolgreiche Wiederwahlversuche. Dabei wurden folgende Kategorisierungen vorgenommen: Die „unangefochtene Wiederwahl“ mit über 80 % Zustimmung, die „deutliche Wiederwahl“ im Korridor zwischen 55 und 80 % sowie die „knappe Wiederwahl“ unter 55 %. Hierzu zählen auch rein mit relativer Mehrheit gewonnene Wahlen im zweiten Wahlgang. Korrespondierend wird die „knappe Abwahl“ zwischen <50 % (bei einem höheren Wert wäre es keine Abwahl) bis 45 % definiert, die „deutliche Abwahl“ zwischen unter 45 % und bis 20 % und ein Stimmanteil von unter 20 % wird „als sehr deutliche Abwahl“ gewertet.

184 Amtsbezeichnung in Großen Kreisstädten, Mindesteinwohnerzahl 20.000 Einwohner nach § 3 Abs. 2 GemO.

185 Für die Stadt Aglasterhausen im Jahr 2005 und die Gemeinden Mahlstetten und Neunkirchen (Baden) im Jahr 2008 konnten die Wahlergebnisse nicht erfasst werden.

Tab. 1 Darstellung der Wahlausgänge

Jahr	unangefochtene Wiederwahl ≥80 %	deutliche Wiederwahl <80 % bis ≥55 %	knappe Wiederwahl <55 % bis 50 %	knappe Abwahl <49,9 % bis >45 %	deutliche Abwahl <44,9 % bis ≥20 %	sehr deutliche Abwahl <20 %
2005	51	13	3	2		
2006	64	17	6	1	4	1
2007	96	23	6	3	10	
2008	57	10	7	2		1
2009	81	18	7	1	12	2
2010	103	18	5	2	6	1
2011	54	10	2	3	3	2
2012	62	16	5	1		3
2013	37	22	3	1	2	1
2014	55	17	5	1	6	
2015	85	24	8		5	
2016	55	15	3	2	7	
2017	64	17	4	1	4	2
2018	91	30	4		6	
2019	50	9	2	2	5	2
2020	53	14	4	3	5	1
2021	39	12	3		5	2
2022	44	11	6		5	2
Summe	1.141	296	83	25	85	20
Wahlen/ Abwahlen gesamt	1.520			130		
WWV gesamt	1.650					

Die Auswertung zeigt, dass nicht nur die Wiederwahlen deutlich in der Mehrheit sind. Rund drei Viertel der 1.520 Wiederwahlen fallen in die Kategorie der unangefochtenen Wiederwahlen. Ein knappes Fünftel der Wiederwahlen ist der Kategorie zwischen 55 und 79,9 % zuzuordnen. Nur 5 % der Wiederwahlen sind als knapp einzustufen.

Von den 130 Abwahlen fällt der Löwenanteil mit 65,38 %, also knapp zwei Drittel der Fälle, unter die Kategorie „deutlich". 19,23 % der Abwahlen sind der Kategorie „knapp" zuzuordnen, 15,38 % der Abwahlen fallen „sehr deutlich" aus. 30 % der Wahlen in dieser Kategorie erbringen für den Amtsinhaber ein einstelliges Ergebnis. Knappe Wahlausgänge kamen nur in 108 Fällen vor. Dabei trugen die Amtsinhaber in drei von vier Fällen den Sieg davon.

Damit kann also als Ergebnis festgehalten werden, dass 25 von 130 abgewählten Bürgermeistern ihre Wiederwahl nur knapp verpassten, umgekehrt aber nur 83 von 1.520 Bürgermeistern im Nachhinein betrachtet ernsthaft gefährdet waren.

Geht man davon aus, dass ein Wahlkampf die Stimmung und damit die Stimmen nur in beschränktem Maße beeinflussen kann, scheint es plausibel, zu vermuten, dass viele Wahlkämpfe weit vor dem Wahltag bereits durch die Art und Weise der Amtsführung verloren wurden.

Neuwahlen

Für die 939 Neuwahlen werden die Ausprägungen auf zweierlei Arten erfasst. Zum einen wird die absolute Höhe des Wahlergebnisses des siegreichen Bewerbers untersucht. Zum anderen wird der Abstand zum Zweitplatzierten analysiert. Die für die Wiederwahlversuche gewählte Einteilung wird modifiziert, da die niedrigen Werte hier kein geeignetes Analysekriterium darstellen.

In 65 Fällen wurde der Sieger mit 50 % oder weniger gewählt, verfehlte also eine absolute Mehrheit. Aus dem Wahlrecht folgt, dass es sich immer um Entscheidungen im zweiten Wahlgang handeln muss. In 605 Fällen wurden die Sieger mit einem Wert zwischen 50 und 75 % gewählt, in 269 Fällen mit über 75 %.

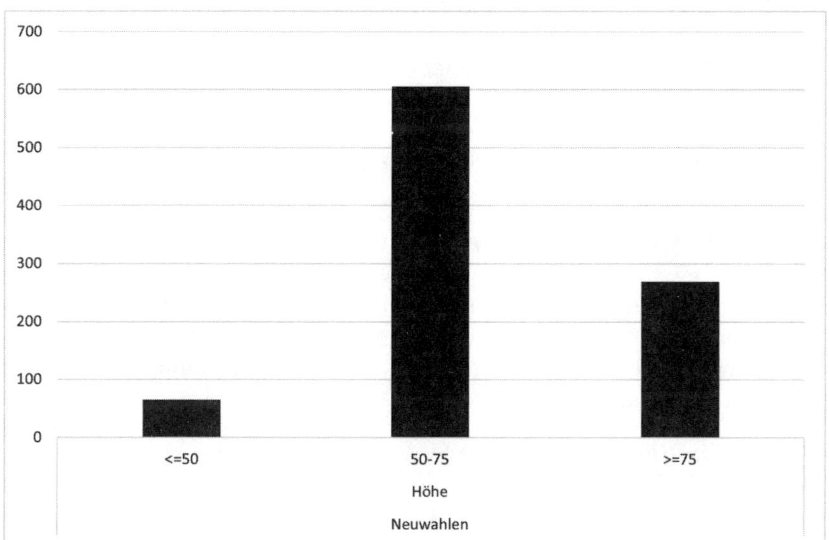

Abb. 14 Ausgang der Neuwahlen nach Höhe des Siegerergebnisses

Der Abstand zwischen Erst- und Zweitplatziertem betrug in 70 Fällen weniger als fünf Prozentpunkte. In 165 Fällen betrug die Differenz zwischen fünf und 20 Prozentpunkten, in 670 Fällen mehr als 20 Prozentpunkte. In 34 Fällen konnten keine Angaben zum Zweitplatzierten ermittelt werden.

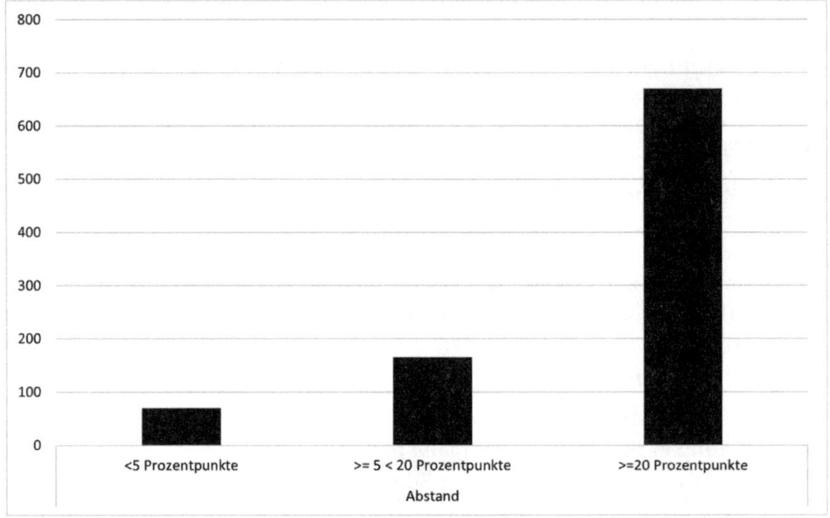

Abb. 15 Abstand zwischen Sieger und bestem Mitbewerber bei Neuwahlen

Auch hier ist erkennbar, dass die meisten Wahlen nicht „sehr knapp“ ausgehen: Nur 7,73 % der Wahlen fallen in diese Kategorie. Ähnlich wie bei den Wiederwahlversuchen deutet sich an, dass große Gruppen der Wählerschaft zu gleichlautenden Einschätzungen über die Kandidaten kommen.

III. Die Entwicklung der Abwahlen

Im Folgenden werden die Abwahlen genauer analysiert. Dabei werden die Abwahlen zuerst rein nach Jahren, also in absoluten Zahlen erfasst und in einem zweiten Schritt in das Verhältnis zu den Wiederwahlversuchen gesetzt, um ein genaueres Bild zu erhalten.

1. Anzahl der Abwahlen

Die Auswertung ergibt 130 Wahlen mit Abwahl des Amtsinhabers. Die folgende Tabelle gibt Auskunft über die Anzahl der gescheiterten Wiederwahlversuche im Untersuchungszeitraum.

Tab. 2 Entwicklung der Abwahlen im Zeitverlauf

Jahr	Anzahl der Abwahlen
2005	2
2006	6
2007	13
2008	3
2009	15
2010	10
2011	8
2012	4
2013	4
2014	7
2015	5
2016	9
2017	7
2018	6
2019	9
2020	9
2021	7
2022	7
Gesamt	**130**

Um die hohen Schwankungen der absoluten Zahlen besser illustrieren zu können, wird eine grafische Darstellung gewählt.

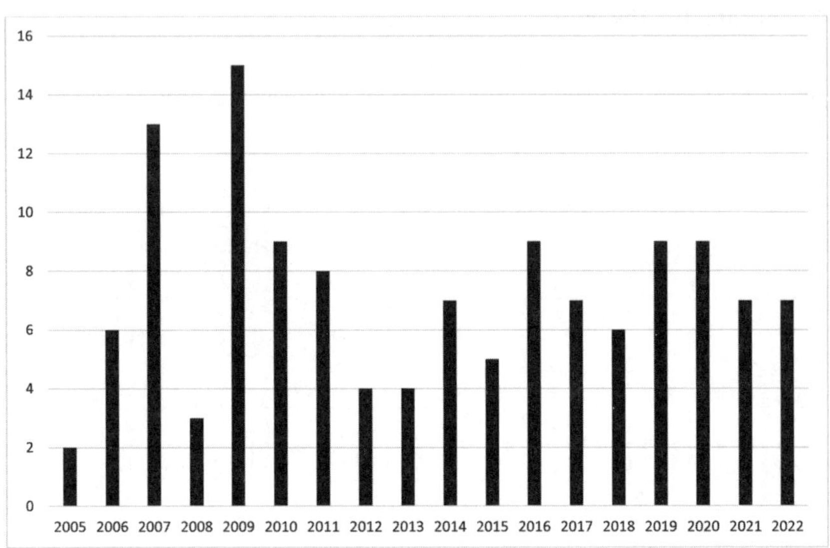

Abb. 16 Abwahlen im Zeitverlauf, absolut

In der Grafik erkennbar sind starke Ausschläge. Im Untersuchungszeitraum fallen die Jahre 2007 und 2009 mit vergleichsweise vielen Abwahlen auf; kleinere Spitzen finden sich in den Jahren 2016, 2019 und 2020. Die Trendlinie zeigt eine Stabilisierung. Im Folgenden wird die Tabelle um die Auswertung von *Kern* der Jahre 1973 bis 2003 ergänzt; Daten für das Jahr 2004 fehlen.

Die lineare Trendlinie des von *Kern* übernommenen Datensatzes würde einen stärkeren Anstieg der Zahl der Abwahlen vermuten lassen. Aus den obigen Ausführungen ist jedoch ersichtlich, dass im Untersuchungszeitraum die tatsächliche Entwicklung anders verläuft: Die Steigung der Trendlinie liegt im Untersuchungszeitraum nahe null.

Als Ergebnis der Auswertung der absoluten Zahlen der Abwahlen ist festzuhalten, dass deren Zahl leicht steigt und sich ihr Zuwachs im Untersuchungszeitraum merklich verlangsamt hat. Die Trendlinie steigt für die Jahre 1973 bis 2003 mit einer moderaten Steigung von 0,23 an, für die Jahre 2005 bis 2021 ist sie nur minimal positiv.

Relative Entwicklung der Abwahlen

Fraglich ist, ob gehäufte Abwahlen auch mit der Anzahl von Wahlen in einem Zeitabschnitt erklärt werden können. *Kern* setzt deshalb seine Er-

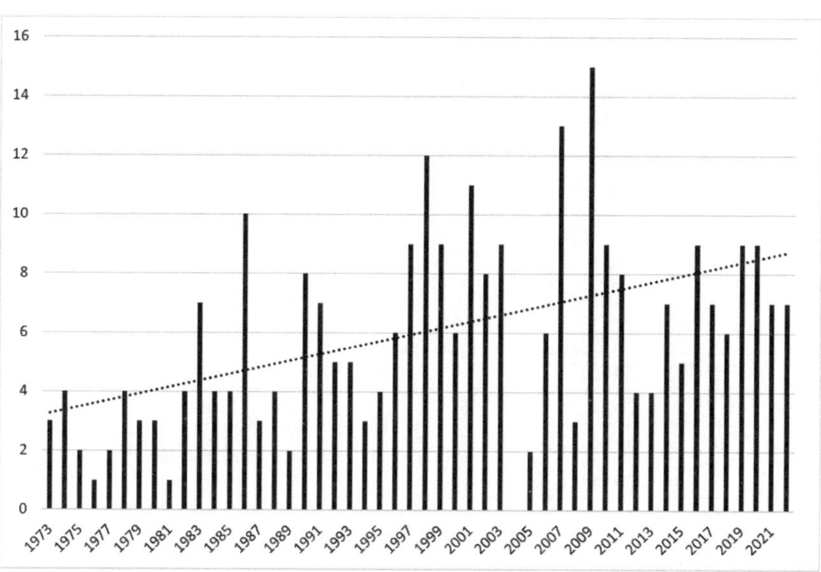

Abb. 17 Entwicklung der Abwahlen 1973–2020

kenntnisse über die Abwahlen in Korrelation mit der geschätzten Anzahl an Bürgermeisterwahlen, die in dem jeweiligen Jahr stattfanden.[186] Diesem Vorgehen steht entgegen, dass Wahlen ohne Wiederwahlversuch des Amtsinhabers keine Abwahlen zum Ergebnis haben können.

Da dieser Untersuchung durch die Erhebung eine gesicherte Erkenntnis über die Anzahl und Art der Bürgermeisterwahlen zur Verfügung steht, wird im Unterschied zum Vorgehen bei *Kern* die ermittelte bzw. in seinem Fall geschätzte Gesamtzahl an Wahlen pro Jahr nicht verwendet. Verwendet wird stattdessen die Gesamtzahl an Wahlen abzüglich der Wahlen, bei denen der bisherige Amtsinhaber von vorneherein nicht mehr kandidierte. Die Untersuchung der Abwahlen beziehen sich damit auf die Wiederwahlversuche. Es kann eine Abwahlquote gebildet werden als Quotient der erfolgreichen Abwahlen und der Wiederwahlversuche.

186 *Kern* 2008, S. 76.

Tab. 3 Relative Entwicklung der Abwahlen

Jahr	Abwahlquote
2005	2,86 %
2006	6,45 %
2007	9,42 %
2008	3,80 %
2009	12,40 %
2010	6,67 %
2011	10,96 %
2012	4,60 %
2013	6,06 %
2014	8,33 %
2015	4,10 %
2016	11,11 %
2017	7,61 %
2018	4,62 %
2019	12,86 %
2020	11,25 %
2021	11,48 %
2022	10,29 %

Betrachtet wird jetzt die Abwahlquote in grafischer Darstellung.

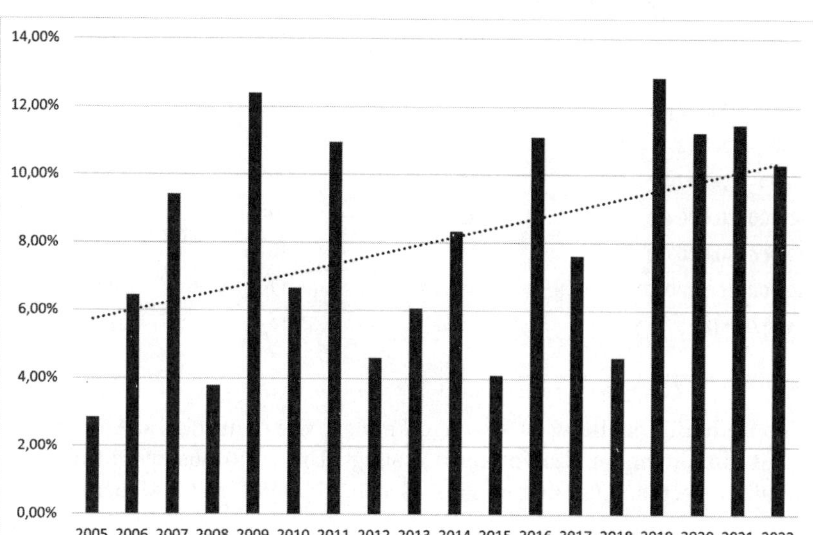

Abb. 18 Entwicklung der Abwahlquote

Betrachtet man die lineare Trendlinie der Entwicklung, stellt man einen leichten Anstieg der Abwahlquote fest.

2. Abwahlen nach Gemeindegröße

Fraglich ist, ob ein statistischer Zusammenhang zwischen der Größe einer Kommune und der Häufigkeit von Abwahlen erkennbar ist bzw. ob in bestimmten Typen von Kommunen besonders viele oder wenige Abwahlen stattfinden.

Setzt man die ermittelten Abwahlen in Relation zu den ermittelten Wiederwahlversuchen (WWV) im Untersuchungszeitraum, erhält man insgesamt 1.639 Wiederwahlversuche, die sich entsprechend der nachfolgenden Tabelle auf die Größenklassen verteilen. Auf die Darstellung der Abwahlquote nach Gemeindegröße und Jahr wird angesichts der niedrigen Fallzahlen verzichtet.

Tab. 4 Entwicklung der Abwahlquote nach Gemeindegröße

EZ (Größenklasse)	AW	WWV	AWQ
< 1.000 (1)	4	70	5,71 %
1.000–3.000 (2)	19	261	7,28 %
3.000–5.000 (3)	26	226	11,50 %
5.000–10.000 (4)	34	241	14,11 %
10.000–20.000 (5)	22	156	14,10 %
20.000–50.000 (6)	18	86	20,93 %
50.000–100.000 (7)	4	17	23,53 %
>100.000 (8)	3	12	25,00 %

In grafischer Darstellung ist klar zu erkennen, wie deutlich die Abwahlquote mit zunehmender Einwohnerzahl steigt. Die deutlichsten Sprünge der Zunahme bestehen bei den höheren Größenklassen fünf bis sieben.

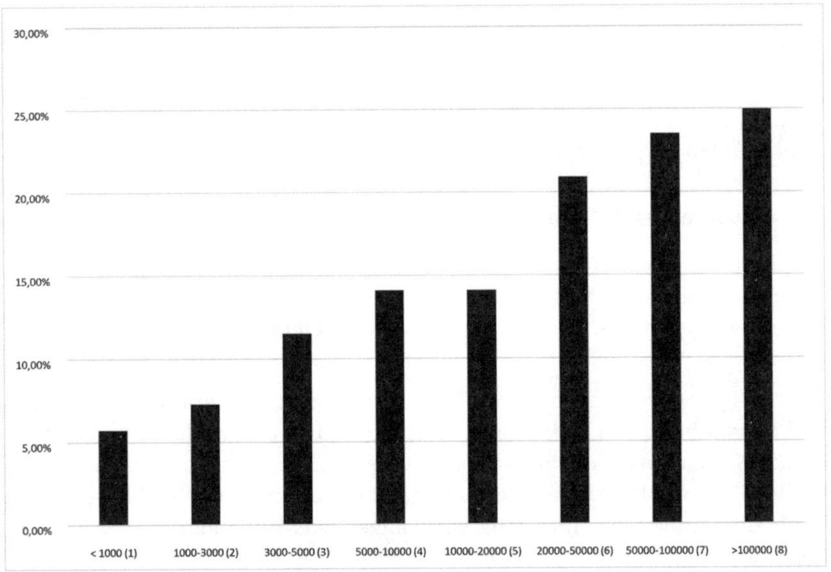

Abb. 19 Abwahlquote nach Einwohnerzahlen

Auffallend ist, dass Abwahlen in sehr kleinen Kommunen sehr selten vorkommen. Die Ausnahme sind die Gemeinden Aitern im Jahr 2007 und die Gemeinde Irndorf im Jahr 2011. Trotzdem liegt die Vermutung nahe, dass ein ehrenamtlicher Bürgermeister, der in seinem 500-Seelen-Dorf tatsächlich jeden kennt, bei Spannungen eher auf eine erneute Kandidatur verzichtet. In Irndorf unternahm der unterlegene Amtsinhaber mehrere Versuche, anderswo eine Bürgermeisterstelle zu erringen, also das Ehrenamt als Karrieresprungbrett zu nutzen, was ihm nachteilig ausgelegt wurde.[187] Damit bestätigt Irndorf die Wahrnehmung der besonderen Rolle ehrenamtlicher Bürgermeister. Zudem war der jetzt unterlegene Amtsinhaber 2003 durch Abwahl des amtierenden Bürgermeisters ins Amt gekommen.[188] In Fröhnd scheiterte die wiederkandidierende, ehrenamtliche Bürgermeisterin spektakulär, da sie ohne Gegenkandidaten im ersten Wahlgang nicht die erforderliche Mehrheit erhielt; im zweiten Wahlgang trat dann ein erfolgreicher Konkurrent auf.[189] Der Bürgermeister von Aitern wurde nach zwei Amtsperioden abgewählt, der Bürgermeister von Schallbach nach einer Periode.

Am anderen Ende des Untersuchungsfeldes liegen die Großstädte mit über 100.000 Einwohnern. Die sehr hohe Abwahlquote in Höhe von 33,34 % ist hier natürlich auch im Kontext der geringen Grundgesamtheit von neun Fällen zu sehen; Abwahlen traten auf in Pforzheim 2009 und 2017 sowie in Freiburg 2018.

Damit steigt die Abwahlquote dem Verlauf der Größenklassen entsprechend an. Hier ist aber auch zu berücksichtigen, dass nur 14 Wiederwahlversuche der Gruppe der Großstädte zuzuordnen sind. Zur Erklärung dieses Phänomens werden verschiedene Erklärungen bemüht. Mit zunehmender Einwohnerzahl steigt die Anforderung an die Amtsführung und die Komplexität des politischen Systems der Gemeinde. Die Besoldung wird besser, sodass die weniger auf Harmonie bedachten örtlichen Akteure eher bereit sind, nach Gegenkandidaten Ausschau zu halten, und die Bereitschaft zur Kandidatur steigt, da die Aufgabe attraktiver wird.

Auch sinkt mit höheren Einwohnerzahlen die persönliche Bekanntheit. Umgekehrt dämpfen bei höheren Einwohnerzahlen die Aussichten auf Wahlkampfkosten, die sich für den Kandidaten nur im Erfolgsfall „lohnen", sowie der höhere Aufwand wieder die Bereitschaft von Verbänden, Gegenkandidaten zu suchen, bzw. von Kandidaten, anzutreten.[190]

187 *Schwäbische Zeitung* v. 16.01.2011.

188 *Kern* 2008, S. 339.

189 *RedaktionsNetzwerk Deutschland* v. 19.11.2020.

190 *Kern* 2008, S. 114–124.

3. Abwahlen nach Amtszeiten

In diesem Abschnitt werden die Abwahlen nach den Amtszeiten der Amtsinhaber und den Gemeindegrößen analysiert. Die früheste Möglichkeit für eine Abwahl ergibt sich logischerweise nach der ersten Wahlperiode. Wie bereits an anderer Stelle ausgeführt, hatten Bürgermeisterkandidaten im Untersuchungszeitraum noch die Altersuntergrenze von 25 Jahren zu berücksichtigen. Die Altersobergrenze spielt für Neukandidaturen erfahrungsgemäß keine direkte Rolle. Auch der neue Wegfall der Altersgrenzen dürfte in der Praxis wohl nur geringe Auswirkungen haben.

Tab. 5 Abwahlen nach Einwohnerzahl und Wahlperiode

Einwohnerzahl (Größenklasse)	1 Amtszeit	2 Amtszeiten	3 Amtszeiten	4 Amtszeiten	Gesamt
< 1.000 (1)	3	1			**4**
1.000–3.000 (2)	10	7	1	1	**19**
3.000–5.000 (3)	19	6	1		**26**
5.000–10.000 (4)	19	12	2	1	**34**
10.000–20.000 (5)	16	6			**22**
20.000–50.000 (6)	12	6			**18**
50.000–100.000 (7)	2	2			**4**
>100.000 (8)	2	1			**3**
Gesamt	**83**	**41**	**4**	**2**	**130**

Erkennbar ist, dass der Großteil der Abwahlen, knapp 64 %, nach der ersten Wahlperiode stattfindet, 31,5 % nach der zweiten Wahlperiode. Eine Abwahl nach der dritten Wahlperiode kommt nur selten, in 3 % der Gesamtfälle, vor; noch seltener ist die Abwahl nach vier Amtszeiten, also nach 32 Jahren.

Aus der Literatur ist ablesbar, dass das Durchschnittsalter der Bürgermeister bei Amtsantritt im Laufe der Zeit angestiegen ist. Die älteren Studien aus den 1980er- und 1990er-Jahren gaben noch an, dass die Hälfte der Bürgermeister bei Amtsantritt unter 30 Jahre alt waren.[191] Hingegen stellt *Klein* im Jahr 2014 fest, dass nur 12 % der zwischen 2002 und 2009 gewählten Bürgermeister unter 30 Jahre alt waren. Der „Durchschnittsbürgermeister" in diesem Zeitraum hat sein Amt mit 38 Jahren angetreten. Auch haben sich die Alterskohorten verschoben. Bei *Wehling/Siewert* war die Gruppe der

191 *Wehling/Siewert* 1984, S. 61; *Bäuerle* 1998.

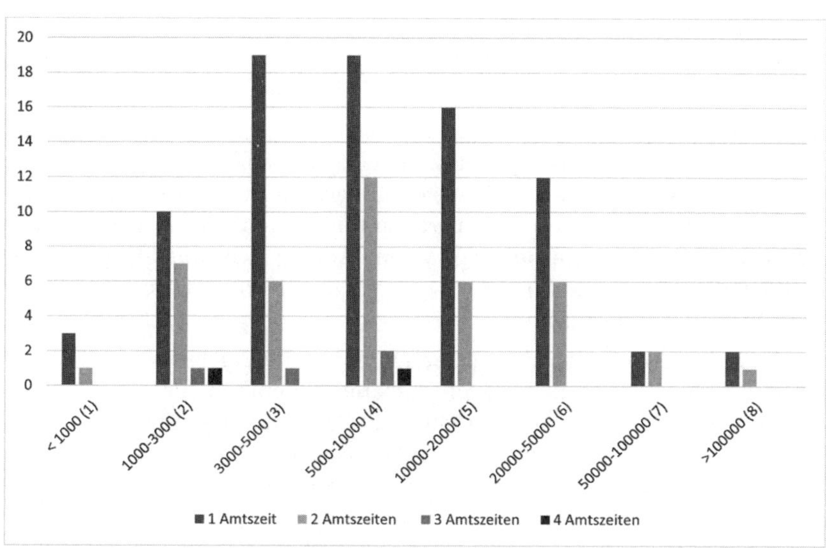

Abb. 20 Abwahlen nach Amtsperioden und Einwohnerzahlen

Bürgermeister unter 40 Jahren sehr groß, in der jüngeren Darstellung bei *Klein* ist sie die kleinste Gruppe.[192]

Wehling ergänzt, dass Neubewerber auf das Amt nicht über 50 Jahre alt sein sollten, da sie ansonsten keine zwei Amtsperioden, also 16 Jahre, zur Verfügung stünden.[193] Auch nach einem Wegfall der rechtlichen Restriktion durch die Neufassung des Kommunalwahlrechts besteht wohl trotzdem eine Erwartungshaltung der Wähler, Kandidaten in der Mitte des (Arbeits-)Lebens präsentiert zu bekommen.

Die Diskrepanzen lassen sich dadurch erklären, dass zwischen den Arbeiten mehrere Jahrzehnte liegen, wenn auch die Sichtweise *Wehlings* bis heute in der Literatur stark rezipiert wird. Hier ist auch der historische Kontext der Untersuchungen zu bedenken. Die erwähnte Gemeindereform sowie damit verbunden die Professionalisierung der Verwaltungen eröffnete Mitte der 1970er-Jahre einer Generation von damals jungen Verwaltungsfachleuten die Möglichkeit, *en masse* die kommunalen Führungspositionen einzunehmen. Es mag auch dahingestellt sein, ob der in der Literatur für diese Zeit postulierte Korpsgeist, der Kandidaturen gegen Kollegen angeblich verpönt sein ließ,[194] vielleicht vor allem den exzellenten Berufsaussichten

192 *Klein* 2013, S. 128 f.
193 *Wehling* 2016, S. 22.
194 *Kern* 2012, S. 79.

geschuldet war – warum in der einen Gemeinde mit einem Berufskollegen mit ähnlichem Profil einen Wettstreit mit ungewissem Ausgang wagen, wenn die nächste Gemeinde unmittelbar frei wird?

Zudem besteht generell eine Neigung, bestimmte Phänomene, die in den späten 1960er-, 1970er-Jahren auftraten, als Norm anzusehen und nicht als Ausnahmezustand: höchste Wahlbeteiligungen, hohe gesellschaftliche Mobilisierung, Dominanz der Volksparteien und eben auch der *Wehling'sche* Archetyp des Bürgermeister-Aspiranten. Analog den Ausführungen zur Wahlbeteiligung spricht hier eher vieles für eine Normalisierung eines historischen Ausnahmezustandes.

Auch *Huzel* verweist in seiner Dissertation auf die Ergebnisse der Generationenforschung und teilt die beobachtbaren Generationen ein in die skeptische Generation (geb. 1925–1940), die Achtundsechziger (geb. 1940–1955), die Babyboomer (geb. 1955–1970), Generation X (geb. 1970–1985), Generation Y (geb. 1985–2000) und die ab 2000 geborene Generation Z.[195]

Die Achtundsechziger-Generation erlebt die Bildungsexpansion der 1960er- bis 70er-Jahre und stellt den Bürgermeistertypus dar, den *Wehling* so wirkmächtig beschrieben hat.[196] Die jüngste Generation, die derzeit in die Rathäuser streben kann, ist demnach die Generation Y. Für sie wird als zentrales Spezifikum häufig eine Statusinkonsistenz angegeben, da sie im Vergleich zu vorigen Generationen spät in das Berufsleben und die Familiengründungsphase startet, sich Optionen offenhält und den eigenen Vorteil stark zu optimieren sucht.[197] Damit ergibt sich ein Generationenprofil, das es nahelegt, erst relativ spät das Risiko und die Festlegung einer Kandidatur für ein Wahlamt einzugehen.

Wichtig ist festzustellen, dass Bürgermeister größerer Gemeinden, insbesondere Oberbürgermeister, in der Regel lebensälter sind als die Bürgermeister kleiner Gemeinden. *Wehling* formuliert: „Je kleiner die Gemeinde, desto jünger der Bürgermeister bei seiner ersten Wahl und umgekehrt."[198] Damit reduziert sich die mögliche Anzahl an leistbaren Amtsperioden. Auch erwähnt *Roth* die zunehmende Neigung, nicht bis zur Altersgrenze im Amt bleiben zu wollen.[199] Auf diese Studie bezieht sich auch *Klein*.[200]

Für die Abwahl nach zwei oder mehr Perioden bleiben Fragen offen. Dem Ansatz dieses Buches entzieht es sich, ob sich in der zweiten Amtszeit Ver-

195 *Huzel* 2019, S. 245.
196 *Huzel* 2019, S. 248.
197 *Huzel* 2019, S. 251.
198 *Wehling* 2016, S. 21.
199 *Roth* 1998, S. 17 ff.
200 *Klein* 2013, S. 66 ff.

schiebungen zuungunsten des Amtsinhabers ereignet haben, sei es im eigenen Verhalten, in einer Verschiebung der Akteurskonstellationen oder in einer Neubewertung von Themen in der Bürgerschaft – oder ob schlicht erstmals der geeignete Widersacher auftrat.

IV. Die Entwicklung der Neuwahlen

Ergänzend zur Entwicklung der Abwahlen soll im Folgenden untersucht werden, wie sich die Neuwahlen, also hier verstanden als Wahlen, bei denen der bisherige Amtsinhaber nicht mehr kandidierte, im Untersuchungszeitraum entwickelt haben. Dafür werden die absoluten und relativen Entwicklungen in den Blick genommen.

1. Anzahl der Neuwahlen

Im Folgenden wird die Entwicklung der Neuwahlfälle in absoluten Zahlen wie in Relation zur Gesamtzahl der Wahlen dargestellt.

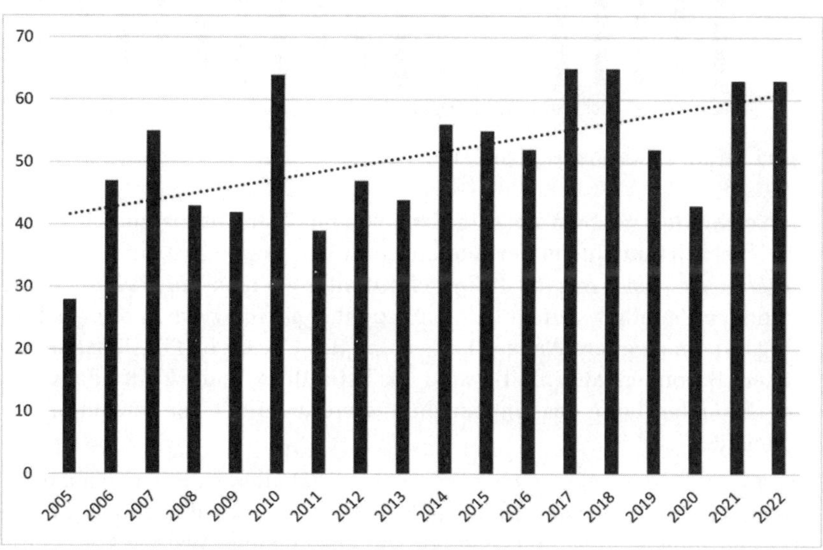

Abb. 21 Entwicklung der Neuwahlen pro Jahr, absolut

Erkennbar ist, dass die Zahl der Neuwahlen im Zeitverlauf eine steigende Tendenz aufweist. Dies korrespondiert mit dem generellen Eindruck, dass Bürgermeister zunehmend seltener weitere Amtszeiten anstreben. Nicht unterschieden wird in dieser Erfassung, ob Bürgermeister vorzeitig ihr Amt aufgeben oder am Ende einer regulären Amtsperiode den Verzicht auf eine erneute Kandidatur erklären. Fraglich ist, ob eine Betrachtung der relativen Entwicklung, also der Neuwahlquote, eine ähnliche Entwicklung zeigt.

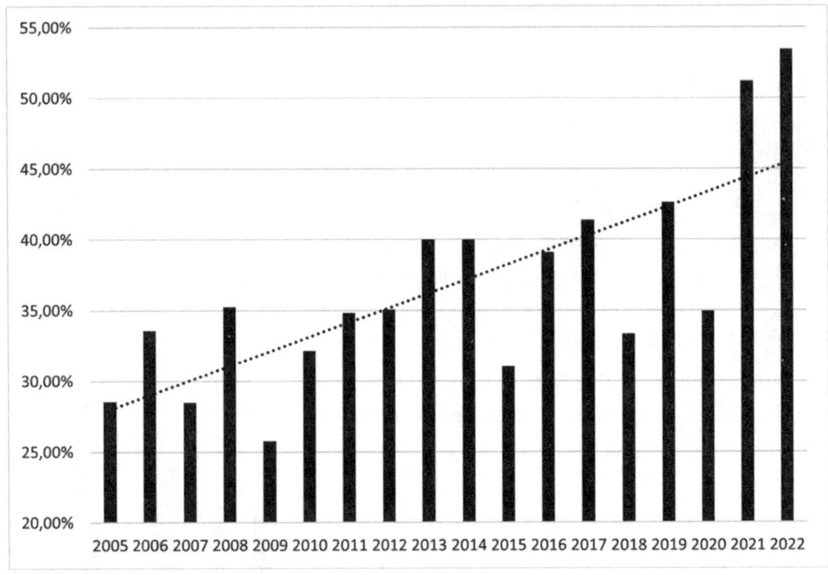

Abb. 22 Relative Entwicklung der Neuwahlen

Die Neuwahlen nehmen auch in der relativen Betrachtung zu. Dies wird auch von den Annahmen der Literatur gestützt. Zum einen sind heute die Bürgermeister bei Amtsantritt im Schnitt älter als noch im *Wehling'schen* „Goldenen Zeitalter“, zum anderen verzichten sie inzwischen oftmals freiwillig auf eine weitere Amtszeit, bevor sie das klassische Pensionsalter erreichen. Besonders augenfällig wird das beim Blick in die Zeitreihe, wenn man die ersten Jahre des Untersuchungszeitraums mit den letzten Jahren vergleicht.

Erkennbar ist, dass die letzten Jahre Höhepunkte der Zunahme darstellen. Den mit Abstand höchsten Anteil an Neuwahlen weisen die Jahre 2021 und 2022 auf: In jeder zweiten Gemeinde mit anstehenden Wahlen konnte die Wählerschaft einen neuen Amtsinhaber bestimmen. Hier könnte ein „Pandemie-Effekt“ zum Tragen gekommen sein. So ist denkbar, dass sich Bürgermeister unter der Belastung der Pandemie gegen eine erneute Kandidatur entschieden haben. Auch könnte die Aussicht, einen Wahlkampf rein digital bestreiten zu müssen, bei weniger digitalaffinen, älteren Bürgermeistern die Entscheidung gegen eine erneute Kandidatur beeinflusst haben.

2. Neuwahlen nach Gemeindegröße

Fraglich ist, ob sich analog zu den Abwahlen auch bei den Neuwahlen ein klarer Zusammenhang zur Größe der Kommunen ergibt. Damit wäre zu vermuten, dass die Bürgermeister insbesondere in größeren Städten eher bereit sind, das Amt wieder aufzugeben, und in kleineren Kommunen länger auf ihrem Posten verweilen.

Eine Aufschlüsselung der Neuwahlquote nach Gemeindegröße ergibt jedoch ein von dieser Hypothese abweichendes Bild. Die Neuwahlquote sinkt gegenüber ihrem Wert von 38,6 % in den kleinsten Kommunen auf 34,21 % in den Kommunen zwischen 5.000 und 10.000 Einwohnern ab, um in der nächstgrößeren Kategorie wieder auf 42,86 % anzusteigen. Zwar sind die Neuwahlquoten in den zwei höchsten Größenklassen mit 41,94 und 42,86 % am höchsten, sie unterscheiden sich aber nur um acht Prozentpunkte von der Größenklasse 4 als niedrigstem Wert.

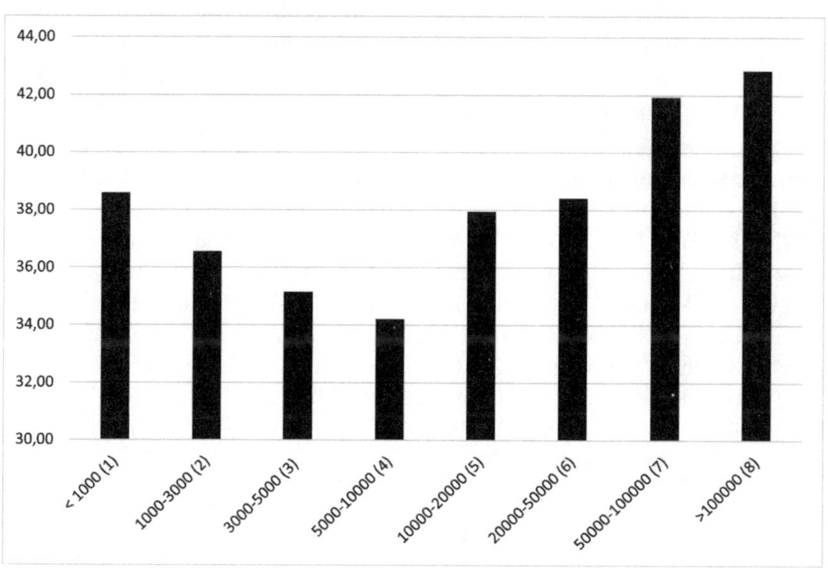

Abb. 23 Neuwahlquote nach Gemeindegröße, in %

Zur Erklärung dieses parabelförmigen Bildes taugen die unterschiedlichsten Gründe für den Verzicht auf die weitere Kandidatur. Neben dem Alter bzw. der Länge der geleisteten Dienstzeit und persönlichen Gründen wie Krankheit oder Tod spielt auch der Wechsel in andere Funktionen eine Rolle. Dies spricht für den frühen Wechsel aus dem Amt eines Bürgermeisters einer kleineren Gemeinde. Zum höheren Eingangsalter der Oberbürgermeister kommt zusätzlich, dass viele Oberbürgermeister in den größeren Städten nicht nur in ihrer Amtszeit einer hohen Belastung ausgesetzt sind, sondern oftmals auch vor ihrer Wahl bereits anspruchsvolle Führungsaufgaben wahrgenommen haben.

V. Zusammenfassung der Auswertung der Wahlen

Die Ergebnisse der Auswertung der Wahlen ergeben, dass ein Großteil der Wahlen deutlich ausfällt und demnach auch im ersten Wahlgang entschieden wird.

Bei der Untersuchung der 2.589 Wahlen konnte festgestellt werden, dass die Gruppe mit dem höchsten Risiko, eine Abwahl zu erleiden, Bürgermeister nach ihrer ersten Wahlperiode in Gemeinden zwischen 10.000 und 20.000 Einwohnern sind. Insgesamt entfallen knapp 64 % der Abwahlen auf das Ende der ersten Wahlperiode. Keine Aussage kann darüber getroffen werden, welcher Anteil von Abwahlen nach 16 Jahren bei anderen Kandidatenkonstellationen bereits nach acht Jahren erfolgt wäre. Eine Abwahl geschieht in einem knappen Drittel der Fälle nach einer zweiten Amtszeit.

Die Zahl der Wiederwahlversuche schwankt in Abhängigkeit von der Anzahl der Gesamtwahlen, damit auch die Anzahl der gescheiterten Wiederwahlversuche. Die Wahlen der 1.650 Wiederwahlversuche fallen in der Regel deutlich aus: Der Großteil der Amtsinhaber wird klar bestätigt. 1.141 Wiederwahlen fallen in die Kategorie „unangefochten“ (über 80 % Zustimmung), 296 unter „deutlich“ (zwischen 80 und 55 % Zustimmung). Insgesamt fielen im Untersuchungszeitraum 130 Abwahlen an; davon waren 85 „deutlich“ (zwischen 45 und 20 % Zustimmung für den Amtsinhaber) und zwanzig „sehr deutlich“, um nicht zu sagen vernichtend (unter 20 % Zustimmung für den Amtsinhaber). Nur 25 Abwahlen und 83 Wiederwahlen lieferten „knappe“ Ergebnisse.

Ein starker Anstieg der Abwahlen über die Jahre hinweg, wie medial oft behauptet, kann weder für die absoluten Zahlen noch in Relation zu den Wiederwahlversuchen erkannt werden. Analysiert man die Trendlinien, stellt man einen leichten Anstieg im Untersuchungszeitraum fest. 83 der 129 Abwahlen erfolgten nach der ersten Amtsperiode, 40 nach der zweiten Amtsperiode und nur vier nach der dritten Amtsperiode. Zwei Bürgermeister wurden nach der vierten Amtsperiode abgewählt.

Der Großteil der Abwahlen erfolgt in mittelgroßen Gemeinden; die Zahl der Abwahlen steigt mit der Gemeindegröße an. In sehr kleinen Gemeinden mit unter 1.000 Einwohnern kommen Abwahlen sehr selten vor. Hier herrscht auch der Typus des ehrenamtlichen Bürgermeisters vor. In der Literatur wie auch den Zeitungsmeldungen wird häufig darauf hingewiesen, dass die Bürger in diesen Gemeinden froh sind, überhaupt einen Freiwilligen zu haben; auch ist der finanzielle Anreiz nicht allzu hoch.[201] Dazu kann angenommen werden, dass ein ehrenamtlich tätiger Bürger bei großer Missstimmung, die in einer 500-Seelen-Gemeinde nicht verborgen bleiben kann, tendenziell mit einem Rückzug aus dem Ehrenamt reagieren wird. Die Quote verringert sich bei Kommunen ab 50.000 Einwohnern, um bei Großstädten wieder anzusteigen. Bei beiden Werten muss die geringe Anzahl der zugrunde liegenden Fälle berücksichtigt werden. Die Zahl der Abwahlen nimmt im Untersuchungszeitraum zu.

Damit ergeben sich zwei wichtige Erkenntnisse: Die Zahl der Abwahlen hat sich nicht exorbitant erhöht; vom eingangs zitierten „Schleudersitz" kann also keine Rede sein. Darüber hinaus sind die Wahlergebnisse in der Regel deutlich. Damit überzeugen Erklärungen und Entschuldigungen nicht, die von einer „Augenblickslaune" oder kurzfristigen Stimmung sprechen – dazu müsste dieselbe Stimmung ganz heterogene Teile der Bevölkerung erfassen. Um das *Löffler'sche* Argument aufzunehmen, muss bei Wahlergebnissen teilweise unter 10 % tatsächlich nicht gefragt werden, ob der Amtsinhaber andere Plakate oder – um im erwähnten Bild zu bleiben – eine andere Krawatte hätte nehmen sollen.

Stattdessen schließen sich hier weitergehende Fragen an, denen im folgenden Kapitel E nachzugehen sein wird. Es soll untersucht werden, ob es bestimmte Rahmenbedingungen gibt, die einen erkennbaren Einfluss auf die Ergebnisse der unterschiedlichen Wahltypen ausüben – etwa *Spill-over-Effekte* durch andere Wahlen am selben Tag, die Anzahl der Kandidaten, die Wahlbeteiligung, Steuererhöhungen vor der Wahl sowie zuletzt die Coronapandemie.

201 *Kern* 2008, S. 114 f.

E. Analyse möglicher Einflussfaktoren auf Wahlen

Um zu Erkenntnissen über die Ergebnisse der unterschiedlichen Wahltypen zu gelangen, werden im Folgenden eine Reihe von möglichen Einflussfaktoren in den Blick genommen: in Abschnitt I die Anzahl der Bewerber, in Abschnitt II die Entwicklung der Wahlbeteiligung und in Abschnitt III der Einfluss der Kombination verschiedener Wahlen am gleichen Wahltermin. Der Abschnitt IV untersucht, ob Steuererhöhungen in den Vorjahren der Wahlen die Wiederwahlchancen sichtbar beeinflussen. In Abschnitt V wird nach dem möglichen Einfluss der Coronapandemie gefragt.

I. Der Einflussfaktor Kandidatenzahl

Für die vorliegenden Wahlen wurden die verfügbaren Daten von bis zu vier Kandidaten pro Wahl erfasst. Einschränkend ist zu erwähnen, dass für die Jahre 2005 bis 2008 oftmals nur die Daten der siegreichen Bewerber vorliegen.

Allerdings wurde in Kapitel D dargelegt, dass die meisten Wahlen sehr deutlich ausfallen. Dieses Bild repliziert sich auf der Kandidatenebene. Addiert man die Ergebnisse der stärksten zwei Bewerber, kann im Mittel eine Aussage über die Verteilung von 93,37 % der Stimmen getroffen werden. Betrachtet man die bis zu vier erfassten Kandidaten, erhält man eine Aussage über die Verteilung von durchschnittlich 96,15 % der abgegebenen Stimmen. Über 90 % der Stimmen konzentrieren sich also auf wenige Bewerber.

Im nächsten Schritt werden die Wahlen nach Ergebnistypen unterschieden. Die Streuung ist bei Wiederwahlversuchen am niedrigsten: Bei der Betrachtung von erfolgreichen Wiederwahlen verteilen sich im Mittel 95 % auf die stärksten zwei Bewerber, bei den Abwahlen sind es 94,74 %. Bei Neuwahlen ist die Streuung am größten; die beiden besten Bewerber erreichen hier im Durchschnitt gemeinsam „nur“ 90,53 %.

Die Erweiterung der Betrachtung auf vier Bewerber erbringt nur wenig Änderungen: Diese erreichen in Summe bei Wiederwahlen nur durchschnittlich 0,87 Prozentpunkte mehr als die beiden besten Kandidaten zusammengenommen, bei Neuwahlen 5,63 Prozentpunkte mehr und bei Abwahlen beträgt das Plus des Viererfeldes gegenüber den zwei erfolgreichsten Kandidaten im Mittel 4,47 Prozentpunkte. Der geringe Wert bei Wiederwahlen entsteht durch die hohe Zahl von Wahlen ohne oder mit nur einem Mitbewerber. Dies unterstreicht in der Konsequenz den Befund der Eindeutigkeit der Wahlergebnisse und die geringe Notwendigkeit zweiter Wahlgänge.

Tab. 6 Verteilung der Stimmen auf beste Bewerber

	Gesamt	Wiederwahl	Neuwahl	Abwahl
Beste zwei Bewerber	93,37 %	95,0 %	90,53 %	94,74 %
Beste vier Bewerber	96,15 %	95,87 %	96,16 %	99,21 %

Eine Schlussfolgerung für Kandidaten liegt auf der Hand: Die Wahlergebnisse sind weit weg von einer zufallsgesteuerten Normalverteilung. Viele Kandidaten gehen mit sehr wenigen Stimmen aus der Wahl hervor.

Einfluss der Kandidatenzahl auf das Siegerergebnis

Die gegen nur einen Mitbewerber wiedergewählten Bürgermeister wurden im Mittel mit 81,67 % wiedergewählt. Bei zwei Mitbewerbern setzten sich die Amtsinhaber im Mittel mit 73,97 % durch. Bei vier oder mehr Bewerbern wurde der Amtsinhaber mit durchschnittlich 66,81 % bestätigt. Bei den Neuwahlen ergibt sich bei den Fällen mit zwei Kandidaten ein Mittelwert von 69,16 % für den Sieger, bei den Fällen mit drei Kandidaten kann der Sieger im Mittel 65,91 % für sich verbuchen, und bei den Fällen mit vier oder mehr Bewerbern entfallen auf den Sieger im Durchschnitt 66,7 % der Stimmen.

Bei den Abwahlen mit zwei Kandidaten wurde der erfolgreiche Herausforderer im Schnitt mit 58,85 % gewählt. Bei den Abwahlen mit drei Kandidaten erzielten die erfolgreichen Sieger im Schnitt 62,06 %. Die Abwahlen mit einem größeren Kandidatenfeld führten im Mittel zu einem Ergebnis von 62,87 % für den Sieger.

Die nachfolgende Tabelle führt die beschriebenen Ergebnisse zusammen.

Tab. 7 Ergebnisse des Siegers nach Bewerberzahl, arithmetisches Mittel

Ergebnistyp	Zwei Bewerber	Drei Bewerber	Vier oder mehr Bewerber
Wiederwahl	81,67 %	73,97 %	66,07 %
Neuwahl	69,16 %	65,91 %	66,7 %
Abwahl	58,85 %	62,06 %	62,87 %

Interessanterweise ergibt sich bei dieser Betrachtung ein Effekt, dass bei erfolgreichen Wiederwahlen die Stimmanteile des Siegers bei zunehmender Kandidatenzahl deutlich sinken. Bei Neuwahlen ist dieser Effekt schwächer ausgeprägt. Bei Abwahlen kehrt er sich um; der Sieger „profitiert" gleichsam von einer Vielzahl an Kandidaten.

Doch wo gehen die weiteren Stimmen hin? Um diese Frage zu beantworten, wird im nächsten Schritt auf das Ergebnis des Zweitplatzierten geblickt.

Tab. 8 Ergebnisse des Zweitplatzierten nach Bewerberzahl, arithmetisches Mittel

Ergebnistyp	Zwei Bewerber	Drei Bewerber	Vier oder mehr Bewerber
Wiederwahl	15,99 %	23,48 %	32,46 %
Neuwahl	29,78 %	32,57 %	30,5 %
Abwahl	40,5 %	35,71 %	31,98 %

Hier ist erkennbar, dass bei den Wiederwahlen der Stimmanteil des Zweitplatzierten von einem größeren Kandidatenfeld zu profitieren scheint. In der Duellsituation entfallen im Mittel 15,99 % auf ihn, bei drei Bewerbern 23,48 % und bei vier oder mehr Bewerbern 32,46 % der Stimmen.

Bei den Neuwahlen ist das Bild uneinheitlich, die Werte schwanken zwischen 29,78 % bei zwei Bewerbern, 32,57 % bei drei Bewerbern, um bei vier oder mehr Bewerbern auf 30,5 % zu fallen. Da alle drei Werte dicht beieinanderliegen, kann dies als statistisch unauffällig gewertet werden.

Bei den Abwahlen sinkt hingegen der Anteil des Zweitplatzierten, hinter dem sich oft – aber nicht immer – der bisherige Amtsinhaber verbirgt. In der Duellsituation entfallen auf den erfolglosen Amtsinhaber 40,5 %, im Triell entfallen auf den Zweitplatzierten 35,71 % und bei vier oder mehr Bewerbern 31,98 %.

Eine mögliche Erklärung hierfür könnte lauten, dass eine Unzufriedenheit mit dem Amtsinhaber Kandidaturen auslöst, die objektiv keine Erfolgschance haben, aber das Interesse der Bevölkerung an der Bürgermeisterwahl erhöhen, ohne dass die Wähler jedoch ernsthaft eine Amtsübernahme dieser Kandidaten in Betracht ziehen würden. Als Ergebnis ist also festzuhalten, dass der Einfluss der Anzahl der Kandidaten auf die Wahlergebnisse zwar vorhanden, aber gering ist. Insbesondere verwässert bei Abwahlen eine Vielzahl an Kandidaten nicht das Ergebnis des erfolgreichen Herausforderers.

II. Der Einflussfaktor Wahlbeteiligung

Die Wahlbeteiligungen schwanken bei Bürgermeisterwahlen beträchtlich, sowohl zwischen ähnlich strukturierten Gemeinden wie auch bei unterschiedlichen Bürgermeisterwahlen derselben Gemeinde.[202] In diesem Abschnitt wird untersucht, ob ein Zusammenhang zwischen dem Ergebnistypus der Wahl und der Höhe der Wahlbeteiligung erkennbar ist.

In Kapitel D hat sich gezeigt, dass die durchschnittliche Wahlbeteiligung bei Abwahlen am höchsten ist. Ein Erklärungsansatz hierfür mag in der im Vergleich zu anderen Ergebnistypen niedrigen Fallzahl von 130 Fällen liegen. Allerdings ist die Spannweite, also die Differenz zwischen Tiefst- und Höchstwert, bei Abwahlen niedriger als bei Neuwahlen (27,55–86,7 % vs. 36,4–88,9 %).

Um diese grundlegenden Befunde noch weiter zu vertiefen, wird im Folgenden analysiert, ob für die unterschiedlichen Ergebnistypen – unterteilt nach den in Kapitel C herangezogenen Kategorisierungen „knapp", „deutlich" oder „sehr deutlich" – auch Unterschiede in der Wahlbeteiligung zu erkennen sind.

Bei „sehr deutlichen" Wiederwahlen beträgt die durchschnittliche Wahlbeteiligung 44,72 %. Bei den „deutlichen" Wiederwahlen sind es 55,37 % und bei den „knappen" Wiederwahlen 60,82 %.

Die „sehr deutlich", also mit einem Ergebnis für den Wahlsieger von über 75 % ausgehenden Neuwahlfälle weisen eine durchschnittliche Wahlbeteiligung von 57,15 % auf, die „deutlichen" Neuwahlfälle kommen auf eine mittlere Wahlbeteiligung von 61,28 % und die „knappen" Neuwahlfälle im Mittel auf 60,08 %.

Die „knappen" Abwahlfälle weisen im Mittelwert eine Wahlbeteiligung von 62,53 % auf, die große Gruppe der „deutlichen" Abwahlen von 58,75 % und die „sehr deutlichen" 63,48 %. In dieser letzten Gruppe ist der Bürgermeister durchweg nicht der Zweitplatzierte. Insoweit haben diese Wahlen eher den Charakter von Neuwahlen mit mehreren Bewerbern, was wie ausgeführt zu einer vergleichsweise hohen Wahlbeteiligung führt.

202 *Klein* 2013, S. 12.

Die nachstehende Tabelle fasst die Ergebnisse zusammen:

Tab. 9 Mittlere Wahlbeteiligung nach Ergebnistyp und Ausprägung

Wahlergebnis	Sehr deutlich	Deutlich	Knapp
Wiederwahl	44,72 %	55,37 %	60,82 %
Neuwahl	57,15 %	61,28 %	60,08 %
Abwahl	63,48 %	58,75 %	62,53 %

Denkbar ist zur Erklärung, dass die Unterschiede in der Wahlbeteiligung auf die divergierende Mobilisierungsfähigkeit der Bewerber zurückzuführen sein könnten. Unterstellt man vereinfacht ähnlich hohe Wählerpotenziale, so deutet eine hohe Wahlbeteiligung darauf hin, dass Herausforderer und Amtsinhaber beide ihre Lager mobilisieren konnten; eine geringere Wahlbeteiligung lässt hingegen darauf schließen, dass dies nur dem Herausforderer gelang. Eine niedrige Wahlbeteiligung würde demnach darauf hindeuten, dass beide nicht überzeugten.

Der sehr hohe Wert für die sehr deutlichen Abwahlen kann damit erklärt werden, dass die Beteiligung an der Wahl für viele Bürger im Wortsinne „Bürgerpflicht“ war. Umgekehrt ist der geringe Wert bei den unangefochtenen Wiederwahlen damit zu erklären, dass die Eindeutigkeit schon im Vorfeld zu erkennen war und deshalb im Sinne der Zufriedenheitsthese demobilisierend – trotz hoher Zustimmung zur Gemeindepolitik – auf die Beteiligung wirkte.

Bei den Neuwahlen sind die Abweichungen in der Wahlbeteiligung zwischen den drei Ausprägungstypen des Wahlergebnisses am geringsten. Dies kann auch damit erklärt werden, dass hier der Ausgang in der Regel am unklarsten ist und damit das bürgerschaftliche Interesse höher ausfällt.

III. Der Einflussfaktor Wahltermine

Fraglich ist, ob auch der Wahltermin Auswirkungen auf den Wahlausgang hat. Seit einer Änderung des Kommunalwahlgesetzes 2005 können Bürgermeisterwahlen auch mit anderen Wahlen oder Bürgerentscheiden zusammengelegt werden,[203] was jedoch selten geschieht. Um dies in den Blick zu bekommen, werden im Folgenden diejenigen Wahlen gesondert betrachtet,

203 *Fleckenstein* 2022, S. 74.

die zusammen mit anderen Wahlen stattfanden. Dies betrifft die Bürgermeisterwahlen, die am gleichen Termin stattfanden wie die Kommunal- und Europawahlen 2009, 2014 und 2019, die Landtagswahlen 2006, 2011 und 2016, die Bundestagswahlen 2005, 2009, 2013 und 2017 sowie die landesweite Volksabstimmung zu Stuttgart 21 im Jahr 2011. Wie bereits an anderer Stelle ausgeführt, ist die Festlegung des Wahltermins Angelegenheit der kommunalen Selbstverwaltung, also des Gemeinderats. Zu beachten sind aber ausgeschlossene Termine sowie die gesetzlich festgelegten Fristen, in denen die Wahl stattzufinden hat. Ebenso muss bei der Terminierung der mögliche zweite Wahltag bedacht werden.[204] So ist zu berücksichtigen, dass die Sommerferien in Baden-Württemberg aufgrund der Pfingstferien immer spät beginnen und enden.[205] Damit ist auch der Abstand zu September-Wahlterminen der Bundestagswahl gering.

Für eine Zusammenlegung sprechen unterschiedliche mögliche Motivlagen: positive Effekte auf Wahlchancen, Kostenersparnis und eine stärkere Legitimation durch höhere Wahlbeteiligung.[206] Die politischen Parteien im Rat könnten sich einen positiven Effekt der anderen Wahl auf den Wahlerfolg des eigenen Kandidaten versprechen. Dem steht entgegen, dass die Festlegung von Wahlterminen im Normalfall im Konsens stattfindet. Die unterschiedlichen politischen Lager müssten sich also jeweils positive Effekte für das Ergebnis des eigenen Kandidaten versprechen. Freie Wählervereinigungen müssten, vor allem, wenn sie einen eigenen Kandidaten haben, diesem Kalkül generell fernstehen. Dieses Argument ist also nicht zielführend.

Gegen eine solche Zusammenlegung spricht auch die Vielzahl an Wahlen sowie die Komplexität der Auszählung. Der baden-württembergische Extremfall der Kommunalwahl ist der einer kreisangehörigen Gemeinde mit unechter Teilortswahl und Ortsteilverfassung in der Region Stuttgart. Dort finden parallel die – durch die Möglichkeiten des Kumulierens und Panaschierens ohnehin komplexen – Wahlen zum Ortschaftsrat, Gemeinderat und Kreistag sowie zur direkt gewählten Regionalversammlung und zum Europaparlament an einem Tag statt. Bei den „einfacheren" Parlamentswahlen dürfte die Gefahr der Überlagerung der öffentlichen Aufmerksamkeit für die Bürgermeisterwahl durch die Parlamentswahlen gegen dieses Vorgehen sprechen.

204 *Klein* 2013, S. 23–26.

205 *Kultusministerkonferenz* o. J.

206 *Klein* 2013, S. 24; *Städtetag Baden-Württemberg* 2016.

Die in Kapitel C dargelegten Erhebungen zu Abwahlen zeigen, dass die Jahre 2005, 2006 und 2013 durch ein insgesamt unterdurchschnittliches Aufkommen von gescheiterten Wiederwahlversuchen gekennzeichnet waren. Das Kommunal- und Europawahljahr 2014 erreichte dagegen wie die Jahre 2011 und 2017 eine nah am Durchschnitt im Zeitverlauf liegende Abwahlquote, was vorderhand gegen einen besonderen Einfluss der anderen Wahlen sprechen mag. Deutlich über dem Durchschnittswert lagen hingegen die Jahre 2009 und 2016.

Tab. 10 Abwahlen und überschneidende Wahltermine

Wahltermin	Bürgermeisterwahlen	Davon Abwahlen
BTW 2005	1	0
LTW 2006	18	1
KW 2009	5	0
BTW 2009	30	1
LTW 2011	9	2
V 2011	3	0
BTW 2013	10	0
KW 2014	1	0
LTW 2016	12	0
BTW 2017	21	0
KW 2019	4	0
Gesamt	114	4

Insgesamt fanden 114 Bürgermeisterwahlen parallel zu den untersuchten Wahlterminen statt, davon 30 Wahlen parallel zur Bundestagswahl 2009, nur eine zur Bundestagswahl 2005. Nur bei vier dieser Bürgermeisterwahlen kam es zu Abwahlen: in Wüstenrot 2006, Meißenheim 2009, Östringen 2011 und Bad Mergentheim 2011. In Bad Mergentheim und Meißenheim handelte es sich um zweite Wahlgänge, sodass nicht von einer intendierten Überschneidung ausgegangen werden kann. Bei den Wiederwahlen schnitten 79 von 80 bestätigte Amtsinhaber mit einem Stimmenanteil von über 55 % ab.

Für das Argument der Kostenersparnis liegen zwar keine Zahlen vor. Da die ehrenamtlichen Wahlhelfer eine Aufwandsentschädigung nach § 9 LWO erhalten, ist aber davon auszugehen, dass für zwei Termine höhere Kosten anfallen würden.

Die durchschnittliche Wahlbeteiligung dieser 114 Bürgermeisterwahlen liegt bei 70,29 % und damit 17,46 Prozentpunkte über dem Mittelwert der Gesamterhebung in Höhe von 52,83 %. Somit kann konstatiert werden, dass die Wahlbeteiligung bei Bürgermeisterwahlen von ihrer Zusammenlegung mit anderen Wahlen profitiert.

Es kann diesbezüglich allerdings keine besondere Auswirkung von Landtagswahlen abgeleitet werden. Im Gegenteil: Insbesondere in den kleinen Gemeinden überwiegen bürgerliche Amtsinhaber, teilweise mit CDU-Parteibuch. Gerade bei den für die Union ungünstigen Landtagswahlen 2011 und 2016 hätte ein Effekt bei einer Abwahl von Bürgermeistern erkennbar sein müssen; dies war jedoch nicht der Fall. 2009 war insgesamt ein Rekordjahr bei Abwahlen, was sich bei den Bürgermeisterwahlen parallel zu den Terminen zur Europa- und Bundestagswahl in Juni und September des Jahres jedoch nicht gesondert widerspiegelt.

Damit spricht für eine Zusammenlegung vor allem das Argument der Kostenersparnis durch Zusammenlegung der Wahltermine, da die Wahlhelfer doppelt eingesetzt werden können und die anderen Wahlen – mit Ausnahme der Kommunalwahlen – als Ein- oder Zwei-Stimmen-Wahl auch vergleichsweise schnell ausgezählt werden können.

Dies legt auch nahe, dass eine wahrscheinliche Bestätigungswahl, die keinen streitigen Wahlkampf im Ort hervorruft, eher mit übergeordneten Wahlen zusammengelegt werden wird als eine von vorneherein als streitig angesehene Wahl. Hierzu passt auch, dass 108 dieser 114 Wahlen bereits im ersten Durchgang entschieden wurden; ein zweiter Wahlgang wurde nur bei vier Neuwahlen und zwei Abwahlen benötigt.

IV. Der Einflussfaktor Steuererhöhungen

In diesem Abschnitt wird untersucht, ob ein Zusammenhang zwischen Abwahlentscheidungen und der Entwicklung der kommunalen Steuern erkennbar ist. Berücksichtigt werden die drei ertragreichen Steuern, deren Hebesätze die Kommunen festlegen: die beiden Grundsteuern A und B und die Gewerbesteuer; jeweils für zwei unterschiedliche Auswertungszeiträume. Dabei wird in zwei Schritten vorgegangen. Eine Erhebung setzt in den zwei Jahren vor dem Wahljahr an, eine zweite Erhebung vier Jahre vor dem Wahljahr. Weiter zurückliegende Erhöhungen werden nicht berücksichtigt, da fraglich scheint, ob sie durch den zeitlichen Versatz Wahlentscheidungen beeinflussen können. Betrachtet wurden hierbei die Wahlen der Jahre 2005 bis 2020, wodurch sich Abweichungen zu den Ausführungen in Abschnitt III ergeben.

1. Kommunale Steuern

Grund- und Gewerbesteuern setzen nicht bei der personalen Leistungsfähigkeit, sondern bei der Ertragskraft der Einkommensquelle an. Dabei erfasst die Grundsteuer A die land- und forstwirtschaftlich genutzten Flächen, die Grundsteuer B die sonstigen Grundstücke. Die kommunale Hoheit besteht in der Festlegung des Hebesatzes, die mit dem jährlichen Haushalt geschieht. Einer Absenkung steht das Erfordernis des ausgeglichenen Haushalts bzw. im Rahmen des doppischen Systems der Erwirtschaftung der Abschreibungen gegenüber. Eine Erhöhung kann im gewerblichen Bereich zu Abwanderungen bzw. Nichtansiedlung führen, im Bereich der Grundsteuer B besteht auch Sorge vor einer Überwälzung der Kosten auf die Mieter.[207]

Nicht berücksichtigt werden in der folgenden Darstellung die örtlichen Verbrauchs- und Aufwandsteuern. Analysiert wird die Entwicklung des Wahljahres und der drei zurückliegenden Haushaltsjahre. Dazu wurden die Hebesätze aller Kommunen der Jahre 2000 bis 2020 erfasst. Die Daten stehen mit zwei Ausnahmen über das Statistische Landesamt zur Verfügung. In den Berichtsjahren 2001 und 2002 sind die Berichte nicht erschienen.[208] Für die Werte des Jahres 2002 wurden die verfügbaren Werte des Jahres 2000 genutzt.

2. Auswertung der Entwicklung kommunaler Steuern

Ausgewertet werden die Entwicklungen, indem zunächst die Hebesätze des Wahljahres mit der Anzahl der zu untersuchenden Jahre multipliziert und anschließend vom Ergebnis die Hebesätze der zu untersuchenden Jahre subtrahiert werden. Bei einem Ergebnis von null ist keine Veränderung erfolgt, bei einem negativen Wert eine Absenkung, bei einem positiven Wert eine Erhöhung der Hebesätze. Der Übersichtlichkeit halber wurden die Hebesatzveränderungen jeweils saldiert. Der seltene Fall, dass ein Hebesatz erhöht, der andere Hebesatz gesenkt wird, führt z. B. dazu, dass die Gemeinde Nufringen bei „unverändert" eingruppiert wird.

Im zweijährigen Untersuchungszeitraum wurden vor 35 Wahlen die Steuern gesenkt, in 461 Fällen erhöht. Die Auswertung ergibt eine Erhöhung der kommunalen Steuern in 26 von 117 untersuchten Abwahlfällen, also 22,22 %. Betrachtet man alle Wahlen im Untersuchungszeitraum, liegt das Verhältnis bei 19,88 %. Die Wiederwahlfälle liegen bei 18,8 %, die Neuwahlfälle liegen knapp unter dem Wert der Abwahlen mit 21,38 %. Ange-

207 *Naßmacher/Naßmacher* 2007, S. 151 f.

208 *Statistische Bibliothek* 2019.

sichts der unterschiedlichen Gruppengrößen (117 zu 796 bzw. 1.405) kann kein erheblicher Zusammenhang zwischen dem Ergebnis einer Bürgermeisterwahl und einer Steuererhöhung im Jahr oder Vorjahr der Wahl erkannt werden. Auch wurden in drei Fällen Bürgermeister trotz oder ungeachtet erfolgter vorliegender Steuersenkungen abgewählt.

Möglicherweise kann ein weiter gefasster Untersuchungszeitraum belastbarere Aussagen mit höheren Fallzahlen ergeben. Deshalb wird in einem zweiten Schritt der Untersuchungsbereich weitergefasst und der Zeitraum von vier Jahren vor der Bürgermeisterwahl in den Blick genommen.

Im vierjährigen Untersuchungszeitraum wurden vor 55 Wahlen die Hebesätze gesenkt, in 1.281 wurde im Saldo nichts verändert, in 982 Fällen die Hebesätze erhöht. Die prozentualen Werte erhöhen sich im Vergleich zum kürzeren Betrachtungszeitraum. Erkennbar ist auch, dass das gewählte Vorgehen, nicht nur Abwahlen, sondern möglichst alle Wahlen in den Blick zu nehmen, die Ergebnisse besser einzuordnen hilft.

Tab. 11 Anteil der Abwahlen nach Steuererhöhungen im Vorjahr der Wahl

Wahltyp	Gesamtanzahl	Erh. Hebesatz (2 Jahre)	Erh. Hebesatz (4 Jahre)	Verhältnis in %	Verhältnis in % (4 Jahre)
Abwahl	117	26	51	22,22	43,6
Neuwahl	796	171	343	21,38	43,1
Wiederwahl	1.405	264	588	18,8	41,8
Gesamt	2.318	461	982	19,88	42,3

Ein beobachtbarer Zusammenhang zwischen Steuererhöhungen und Abwahlen ist weder bei der zwei- noch bei der vierjährigen Periode ersichtlich. Es fällt im Vergleich auf, wie wenig sich die prozentualen Werte für Abwahl- oder Wiederwahlfälle unterscheiden.

Auch ist zu berücksichtigen, dass das Haushaltsrecht das Königsrecht des Gemeinderats darstellt und ein Bürgermeister eine Erhöhung der kommunalen Steuern nur mit einer Mehrheit des Rates beschließen kann. Angesichts der Dominanz der konkordanzdemokratischen Akteurskonstellationen[209] ist auch davon auszugehen, dass einseitige Schuldzuweisungen nicht erfolgen oder keinen Erfolg aufweisen.

209 *Ebinger* 2016, S. 117.

V. Der Einflussfaktor Coronapandemie

Die Coronapandemie hat auf das gesellschaftliche Leben unbestritten einen hohen Einfluss gehabt. Zum einen waren die Kommunen und damit die Bürgermeister als Krisenmanager gefragt. Zum anderen konnten Wahlkämpfe nicht bzw. nur erschwert in der klassischen Form durchgeführt werden: Veranstaltungen, Marktstände, Haustürwahlkämpfe waren teilweise untersagt oder nicht opportun; viele Anstrengungen wurden auf digitale Formate verlagert. Es stellt sich die Frage, ob hier Auswirkungen auf das Wahl- und Kandidatenverhalten erkennbar sind.

Dabei sind mehrere, auch gegenläufige Hypothesen möglich:

1) Der Bürgermeister wurde durch die Rolle des Krisenmanagers gestärkt.
2) Durch die besondere Belastung verzichtet der Bürgermeister auf eine Wiederwahl.
3) Die geringen Wahlkampfmöglichkeiten bevorteilen den Amtsinhaber.
4) Die Verlagerung in soziale Medien bevorteilt Herausforderer.

Zu diesem Zweck werden die Wahlen der Jahre 2020, 2021 und 2022 mit den Jahren 2017, 2018 und 2019, also unmittelbar vor der Coronakrise, miteinander verglichen.

Tab. 12 Abwahl- und Neuwahlquoten zwischen 2017 und 2022

Jahr	NWQ	AWQ
2017	41,40 %	7,07 %
2018	33,33 %	4,41 %
2019	42,62 %	11,39 %
2020	34,96 %	10,11 %
2021	50,81 %	10,29 %
2022	52,50 %	9,52 %

Erkennbar ist, dass die Neuwahlquote vor der Pandemie zwischen Werten von 33 und 42 Prozentpunkten oszillierte. Auffällig ist die Steigerung in den Jahren 2021 und 2022. Im gesamten Untersuchungszeitraum haben die Werte für die Neuwahlen nicht diese Höhe angenommen; bei mehr als jeder zweiten Wahl verzichtete der Amtsinhaber auf die Kandidatur. Hier kann ein verstärkender Effekt durch die Krise angenommen werden.

Bei den Abwahlen ergibt sich eine geringere Auffälligkeit. Bereits vor Corona hatte sich die Quote der verlorenen Wiederwahlen auf 10 % der Wahlen eingependelt; der durch den Anstieg der Neuwahlquote implizierte Rückgang der Wiederwahlversuche hat also keine erkennbare Auswirkung auf den Anteil der nicht erfolgreichen Versuche. Es kann aus den Werten geschlossen werden, dass keine höhere Zahl von angreifbaren Bürgermeistern auf einen Wiederwahlversuch verzichtet hat.

Wahlbeteiligung

Tab. 13 Wahlbeteiligung 2017–2022

Jahr	Wahlbeteiligung
2017	54,91 %
2018	51,47 %
2019	49,56 %
2020	51,9 %
2021	55,86 %
2022	49,46 %

Die Wahlbeteiligung ist wie ausgeführt seit Jahren im Sinken begriffen. In den Pandemiejahren stieg die Wahlbeteiligung auf knapp 52 % und erreichte im Jahr 2021 den höchsten Wert seit 2009. Im Folgejahr 2022 ist ein Rückgang auf knapp 50 % zu verzeichnen. Für ein steigendes kommunalpolitisches Interesse ergeben sich in der Verknüpfung mit Corona keine Anzeichen. Allerdings kann angenommen werden, dass sich der Wegfall von „Alternativprogrammen“ wie Urlaub, Feste und private Besuche beteiligungsförderlich auswirkte. Beteiligungsdämpfend kann hingegen die Aufforderung, die Briefwahl zu nutzen, und die Verlagerung der Informations- und Wahlkampfmöglichkeiten in digitale Formate gewirkt haben.[210]

VI. Zusammenfassung der Analyse der Einflussfaktoren

In diesem Kapitel wurden quantitativ vergleichbare, mögliche Einflussfaktoren auf die Wahlergebnisse analysiert. Diese umfassten Ausprägungen der jeweiligen Kandidatenzahl, der Wahlbeteiligung und des Wahltermins sowie den Kontextfaktor kommunale Steuererhöhungen.

210 *Pressestelle Innenministerium Baden-Württemberg* v. 31.03.2020.

Der Einfluss der *Kandidatenzahl* auf die Wahlergebnisse ist differenziert zu bewerten. Der Großteil der Kandidaten verzeichnet sehr geringe Auswirkungen auf das Gesamtergebnis – auf zwei Bewerber entfallen im Schnitt 93,37 % der Wählerstimmen. Den größten Einfluss auf das prozentuale Wahlergebnis des Siegers haben Mitbewerber bei Wiederwahlen. Sie geben also Bürgern, die die Arbeit des Bürgermeisters sanktionieren wollen, die Möglichkeit, ihre Stimme abzugeben.

Bei Abwahlfällen streuen sich die Wählerstimmen durch eine Vielzahl an Kandidaten nicht in erheblichem Ausmaß. Es gibt also zumeist eine klare Blockbildung sowohl um den Amtsinhaber wie um einen Herausforderer.

Ein Einfluss von *Wahlterminen*, also Spill-over-Effekte anderer Wahlen, konnte nicht nachgewiesen werden. Dies ist erklärbar. Für die Zusammenlegung werden Kostenersparnisse und höhere Wahlbeteiligungen ins Feld geführt. Der Großteil der zusammengelegten Wahlen ist wenig kompetitiv angelegt; die Bestätigung des Bürgermeisters steht im Vordergrund.

Ein Zusammenhang zwischen der Art der Wahl und der *Wahlbeteiligung* ist hingegen deutlich zu erkennen. Erwartungsgemäß sinkt die Wahlbeteiligung mit der Gemeindegröße. Anonymität und geringere Verwurzelung nehmen zu, damit nimmt die Wahlbeteiligung ab.

Die Wahlbeteiligung bei Abwahlen und Neuwahlen liegt im Mittel um 12 Prozentpunkte über dem Wert für Wiederwahlen. Im Hinblick auf das Ziel von Wahlkämpfen, eigene Wähler zu mobilisieren, ist interessant, wie sich die Wahlbeteiligung bei den drei Ergebnistypen der Abwahlen darstellt. Den niedrigsten Mittelwert weist die Gruppe der deutlichen Abwahlen mit 58,75 % auf; bei knappen Abwahlen liegt die Beteiligung im Mittel bei 62,53 % und bei sehr deutlichen Abwahlen bei 63,48 %. In der letzten Gruppe mobilisieren offensichtlich die verschiedenen Gegenkandidaten des Bürgermeisters sehr erfolgreich Wähler. Bei knappen Abwahlen ist zu vermuten, dass der Wahlkampf von Amtsinhaber und Herausforderer zu starken Mobilisierungseffekten geführt hat. Bei sehr deutlichen Wiederwahlen beträgt der Mittelwert der Wahlbeteiligung 44,72 %, bei den deutlichen Wiederwahlen 55,37 % und bei den knappen Wiederwahlen 60,82 %.

Ein Einfluss von *Erhöhungen der wichtigen kommunalen Steuern* auf die Abwahlwahrscheinlichkeit kann verneint werden. Bei zwei unterschiedlichen Betrachtungszeiträumen – zwei und vier Jahre – kann kein Zusammenhang erkannt werden. Die prozentuale Anzahl der Kommunen mit angehobenen Hebesätzen unterscheidet sich, gegliedert nach Wahltypen, praktisch nicht. Bei Abwahlen steigt die Wahlbeteiligung; Steuererhöhungen wirken sich nicht nennenswert aus. Das Gleiche gilt für Kandidatenzahlen und die Zusammenlegung von Wahlterminen. Die *Coronapandemie* wirkt sich als Belastungsfaktor für Bürgermeisterwahlen aus, wenn auch die Wahlbeteiligung im Coronajahr 2021 sehr hoch war: Die Zahl der Neuwahlen erreichte einen Rekordwert.

F. Fallstudien zu gescheiterten Wiederwahlversuchen

Es ist zu fragen, ob der Amtsinhaber strategisch die richtigen Weichen gestellt hat: Was für eine Erfolgsbilanz hat er vorzuweisen? Hat er im Wahlkampf Probleme thematisiert, für die er Lösungskompetenz beanspruchen konnte? Hat er sich von seinem Arbeitsstil her für eine weitere Wahlperiode empfohlen? Hierfür werden in diesem Kapitel drei Kommunen im Rahmen von vergleichenden Fallstudien genauer in den Blick genommen. Dazu wird zunächst die Fallauswahl und die Vorgehensweise begründet; es folgen Ausführungen zum allgemeinen kommunalpolitischen Umfeld sowie Überlegungen zu den Restriktionen des Wahlkampfs für die jeweiligen Amtsinhaber.

I. Zur Begründung der Fallauswahl und Vorgehensweise

Ausgewählt wurden drei Abwahlfälle. Die Fallauswahl ist zu begründen. Es handelt sich um unterschiedliche Gemeindegrößen und unterschiedliche politische Konstellationen bezüglich der Abwahl sowie des regionalen politischen Kontextes und der politischen Kultur.

F. ist eine durch die Universität geprägte Großstadt mit über 200.000 Einwohnern, B. eine mittelgroße Industriestadt im Stuttgarter Umland mit 50.000 Einwohnern, T. eine kleinere Gemeinde im Norden Stuttgarts mit 12.800 Einwohnern. Zwei der Abwahlen fanden im Jahr 2018 statt, eine dritte im Jahr 2014. Ein Oberbürgermeister wurde nach zwei Amtsperioden aus seinem Amt verdrängt, ein anderer wurde nach einer Amtsperiode abgewählt, ebenso der Bürgermeister der dritten Gemeinde. Damit sind entsprechend der quantitativen Untersuchung zwei Fälle des häufigsten Typs und ein Fall des zweithäufigsten Typs zu finden.

Zur Beschreibung der Wahlen und ihres Kontextes wurde auf die Presseberichterstattung zurückgegriffen. Bei der Auswahl der Interviewpartner wurden Experten aus dem politischen Raum der jeweiligen Kommune angesprochen; dabei wurden amtierende und ehemalige Gemeinderäte sowie hochrangige Mitarbeiter der jeweiligen Stadtverwaltung befragt.

In jeder Kommune wurden drei Interviews geführt. Bei der Auswahl wurde darauf geachtet, sowohl Vertreter aus dem Lager des Herausforderers als auch aus dem des abgewählten Amtsinhabers zu interviewen, um gegenläufige Sichtweisen bzw. Einblicke in die Wahlkämpfe zu erhalten. In B. und F. wurden jeweils zwei Vertreter des Lagers des abgewählten Amtsinhabers befragt. In T. stellte es sich als schwierig heraus, Unterstützer des Amtsinhabers zu finden; hier wurde eine sich als „neutral“ positionierende Person befragt.

Die Interviews wurden in sechs Fällen telefonisch durchgeführt, in zwei Fällen schriftlich, in einem Fall persönlich. Dieses Vorgehen war dem engen Zeithorizont der Befragten geschuldet. Im Interesse der gewünschten Offenheit wurde Anonymität vereinbart. Auch zeigten die Interviews des Öfteren die starke emotionale Dimension des Themas: „Das macht mich bis heute fassungslos“, „da steigt mir die Wut hoch, wenn ich daran denke“, „gleich brauch ich einen Schnaps“ sind gefallene Aussagen, die auch sehr in sich ruhende Persönlichkeiten äußerten.

Die Fallstudien beginnen mit einer Beschreibung der kommunalen Ausgangslage. Im Anschluss werden die Amtsführung des abgewählten Bürgermeisters, die Wahlkampfführung der beiden Konkurrenten und weitere Erkenntnisse aus dem Wahlkampf diskutiert. Der Aufbau folgt damit auch der Struktur der Interviewfragen.

II. Das allgemeine kommunalpolitische Umfeld

Untersucht man Wahlen in einem relativ engen zeitlichen Umfeld, ist zu prüfen, ob bestimmte Themen in ähnlicher Form als Problem erkannt werden bzw. nicht auftauchen.

Die Finanzlage war in allen drei untersuchten Kommunen positiv, was auch mit der finanziellen Lage der baden-württembergischen Kommunen im Allgemeinen übereinstimmt. 2017 verbuchten die Kommunen und Kreise Baden-Württembergs zum sechsten Mal in Folge einen Haushaltsüberschuss und Rekordwerte bei Investitionen.[211] Die seit 2010 sehr guten Steuereinnahmen und sinkende Arbeitslosenzahlen führten zu einer Entlastung des kommunalen Aufwands, entweder direkt – so im Fall der Stadt F. – oder indirekt durch die absinkende Kreisumlage. Auch sind die Belastungen durch Zins und Tilgung infolge der Niedrigzinsphase gering. Die Konsequenz: Der Bürgermeister als „Sparkommissar“, der „Giftlisten“ mit Streichungen präsentieren muss, war zum Erhebungszeitpunkt nicht gefragt. Dies kann sich durch die sukzessiven Krisen der Folgejahre in der Zwischenzeit geändert haben.

Eine weitere Gemeinsamkeit der drei Kommunen besteht in ihrer Grundaufgabe, auf ein nachfragegetriebenes städtisches Wachstum zu reagieren.

211 *Niemann/Geissler* 2017.

Der Zuzug in die Kommunen ist ungebrochen hoch. Das Angebot an verfügbarem Wohnraum ist jedoch nicht ausreichend, sodass die Kommunen mit der Nachverdichtung und Neuausweisung von Wohngebieten reagieren müssen. Dies bringt auch durch Pendlerströme und dergleichen neue Anforderungen für die Infrastruktur mit sich. Eine offizielle Prognose der Stadt F. ging 2005 von einer maximalen Einwohnerzahl von 210.000 Einwohnern im Jahr 2010 und einem leichten Rückgang auf ca. 208.000 im Jahr 2020 aus. 2016 lebten hingegen 227.000 Einwohner in F.; die aktuelle Prognose sieht einen Anstieg auf 222.000 auf 236.000 Einwohner mit einer Plateaubildung auf diesem Niveau bis 2035 vor. In F. wurde diese Prognose von den Fraktionen der CDU und der SPD hinterfragt; eine Kurskorrektur erfolgte dennoch erst später.

Die berechnete Entwicklung für B. sah von 2010 bis 2030 einen Rückgang von 46.400 Einwohnern auf 44.500 Einwohner vor. Dem gegenüber ist die Bevölkerung mittlerweile auf 50.000 Einwohner angestiegen.

Für T. wurde ebenfalls ein Rückgang – jedoch abgefedert durch die Aufsiedelung eines Teilorts – auf ca. 11.000 Einwohner prognostiziert.

III. Fallstudie 1, Stadt B.

B. ist eine Industriestadt im Stuttgarter Umland. Wirtschaftlich prägend ist der Automobil- und Maschinenbausektor und die Zulieferindustrie. Die Stadt war vor dem Zweiten Weltkrieg eine kleine württembergische Amtsstadt und wuchs rasant durch Heimatvertriebene, ausländische Arbeitskräfte und sonstigen Zuzug aufgrund der hohen örtlichen Nachfrage nach Arbeitskräften.

Als drängendste Probleme wurden die Zielkonflikte rund um das Wachstum der Stadt, insbesondere auch die Verkehrsinfrastruktur, genannt und damit verbunden die Lebensqualität. Ein weiteres Thema ist der Umgang mit der direkt angrenzenden Nachbarstadt. Das Verhältnis der beiden Städte oszilliert zwischen Rivalität und Fusionsbemühungen. Finanziell ist B. an die Automobilindustrie gekoppelt. 2016 wurde ein Konsolidierungsprogramm in Höhe von 20 Mio. Euro aufgelegt; der Schuldenstand betrug 2018 ca. 11,4 Mio. Euro, also rund 228 Euro pro Einwohner.[212]

Dr. B., ein wenig bekannter grüner Gemeinderat und promovierter Luft- und Raumfahrtingenieur, erklärte am 27. Oktober seine Kandidatur gegen den Amtsinhaber. Ebenfalls kandidierte J. S., der bereits 2010 angetreten war,

212 *Haaf* 2018, S. 10.

sowie die Dauerbewerberin F. M.[213] Dr. B. setzte sich im ersten Wahlgang mit 51,3 % der Stimmen gegen den Amtsinhaber durch, auf den 28,24 % entfielen. Der dritte ernsthafte Kandidat J. S. vereinte 19,5 % auf sich, die Dauerkandidatin M. 0,8 %. Die Wahlbeteiligung lag bei 38,2 % und somit unter dem Wert der vorhergehenden Wahl von 42 % im Jahr 2010.

1. Politische Kultur der Kreisstadt B.

B. ist eine Industriestadt mit hoher Abhängigkeit von ertragreichen und innovationsstarken Branchen wie Automobilbranche und Maschinenbau. Daraus resultieren Vollbeschäftigung, hohe kommunale Steuereinnahmen und eine hohe Fluktuation der Wohnbevölkerung. B. ist deshalb finanziell leistungsfähig, stark wachsend, aber mit einem schwachen kommunalen Zusammengehörigkeitsgefühl ausgestattet. Dieses schwache Zusammengehörigkeitsgefühl bei materiellem Wohlstand äußert sich in einer Indifferenz gegenüber kommunalen Themen. Nach *Wehling* ist damit die schwache Wahlbeteiligung erklärbar.[214]

2. Politische Ausgangslage

W. L. (CDU) wurde 2010 im zweiten Wahlgang in einer Neuwahlsituation gewählt. Er setzte sich mit 56 % gegen den SPD-Politiker Dr. A. P. durch. L. war zuvor zwölf Jahre Bürgermeister einer kleineren Gemeinde gewesen und hatte sich dort bei seiner ersten Wahl 2007 erfolgreich gegen den Amtsinhaber durchgesetzt.[215]

Auch die L. im Allgemeinen unterstützende CDU-Fraktion hatte dafür gestimmt, den Zusatz „Amtsinhaber bewirbt sich wieder“ aus der Stellenausschreibung der OB-Stelle zu streichen, was als deutliche Kritik an diesem zu verstehen war.

Der Gemeinderat der Stadt wird als politisiert beschrieben. In verschiedenen Fraktionen sind aktive und ehemalige Berufspolitiker oder Aspiranten auf Mandate aktiv. Allerdings sind die Fraktionen kooperationsgeneigt; auch Außenstehende haben nicht den Eindruck eines zerstrittenen Gremiums.

Das Klima der Stadtgesellschaft ist offen, liberal und heterogen. Die Kirchen sind sehr aktiv. Die hohe Fluktuation der Bevölkerung führt dazu, dass es keine tradierten Konfliktlinien gibt.

---

213 *KRZ* v. 09.01.2018.

214 *Wehling* 1994a, S. 565.

215 *Kern* 2008.

3. Die Amtsführung des Amtsinhabers

Die Amtsführung des abgewählten Amtsinhabers wird mit den Stichworten „Macher, Visionär, Einzelkämpfer" beschrieben; auf seine Kritiker wirkte er hingegen fantasielos. Die Amtsführung war auch durch Konflikte gekennzeichnet, sowohl mit dem Gemeinderat wie auch in der Bürgerschaft. Auch das Verhältnis zur Nachbar- bzw. Zwillingsstadt war belastet.

Zu den Erfolgen, die mit ihm verbunden werden, gehören die Umgestaltung der Bahnhofstraße, eine aktive Grundstückspolitik sowie die Entwicklung des Gewerbegebiets „H. 4.0"; auch die Fußgängerzone und ein innerstädtisches Einkaufszentrum werden genannt. Negativ mit ihm verbunden wird die Preisentwicklung der Fernwärme und das mangelnde Baustellenmanagement.

Inhaltliche Kompetenz wird ihm auch von politischen Gegnern zugesprochen, Kompetenzen im menschlichen Umgang jedoch auch von Unterstützern nur mit Einschränkungen. So trat er stets als hierarchiebewusster Jurist auf, dem es schwergefallen sei, zu Bürgern, politischen Akteuren oder Vertretern von bürgerschaftlichen Interessengruppen positive Beziehungen zu knüpfen. Dies galt nicht nur für Gespräche mit kritischen Gruppen; es fehlte demnach auch an „strategischer Pflege entscheidender Leute". Als Resultat waren „Verbündete und ehrenamtliche Multiplikatoren für ihn nicht aufzufinden", erklärte ein Unterstützer resigniert. Für einen anderen Gesprächspartner hatte er sich „in eine Sackgasse manövriert".

Unterstützer des abgewählten Oberbürgermeisters verweisen darauf, dass es keine Wechselstimmung gegeben habe; er war von allen Seiten als klarer Favorit gesehen worden. Allerdings verweist ein Interviewpartner aus dem Lager des Herausforderers auf eine erkennbare Unzufriedenheit mit dem Amtsinhaber, gerade in der wahlaffinen Altersgruppe um die sechzig Jahre. Auch sei er emotional nie in B. als Bürger angekommen und wurde dem Vernehmen nach als „Wanderarbeiter" gesehen.

4. Der Wahlkampf des Amtsinhabers

W. L. ging mit einer klaren Favoritenrolle in den Wahlkampf, nachdem er im September 2017 erklärt hatte, wieder kandidieren zu wollen.

Wahlkampfstil

Bei seiner Wahlkampf-Pressekonferenz erklärte er, auf „weiche Themen" setzen zu wollen, worunter er die Zusammenlegung von städtischen Einrichtungen wie die Kunst- und Musikschule an einem neuen Standort verstand.[216]

216 *KRZ* v. 16.12.2017.

Er sah den Herausforderer Dr. B. erst spät als gefährlichen Gegner, obwohl bereits nach der Ausschreibung der Stelle „erkannt werden konnte, dass sich der Kandidat warmläuft". Ein wahrnehmbarer Wendepunkt war die offizielle Kandidatenvorstellung im Ortsteil D., in dem der Amtsinhaber ausgebuht wurde.

Der Amtsinhaber setzte stark auf seine Bekanntheit und seine Leistungsbilanz. Problematisch waren das Fernwärmethema und generell auch sein konfrontativer Umgang mit Bürgerinitiativen und Gruppen. So erlebte eine ihm kritisch gesonnene Fahrradinitiative einen Gesprächstermin mit ihm als „Runtermachen" durch den Oberbürgermeister. Negativ mit dem Oberbürgermeister verbunden war die Erhöhung der Fernwärmepreise. Ca. 10.000 Haushalte unterliegen dem Anschlusszwang an die Fernwärme, sodass bei 50.000 Einwohnern von einer massiven Betroffenheit ausgegangen werden kann.

Der zu späte Einstieg in den Wahlkampf führte zum Bild eines getriebenen Amtsinhabers. Er versuchte seine Unabhängigkeit mit dem Satz zu unterstreichen, dass er auch bei Abwahl schon die Pension sicher habe. Der Amtsinhaber wurde immer als Kopfmensch gesehen, was auch seinem Auftreten entsprach. Hierdurch wirkte auch der Slogan „Mit Herz. Für B." eher missglückt, da er eher mit einem weithin wahrgenommenen Empathiemangel assoziiert wurde. Auch die Präsentation des Amtsinhabers in Freizeitkleidung wirkt im Nachhinein wie ein Menetekel des baldigen Ruhestandes. Der verwendete zweite Slogan „*#gesagtgetan*" sollte auf die Leistungsbilanz hindeuten.

Auch verwendete Oberbürgermeister L. größere Plakate als zunächst genehmigt, was über die Bedeutung des Plakates hinaus selbst als Zeichen der Abgehobenheit gedeutet werden konnte. In der Schlussphase bestellte er unabgestimmt für einen hohen Betrag auf eigene Faust neue Plakate, ohne für Kapazitäten zum Plakatieren gesorgt zu haben, was bei Unterstützern für Unmut sorgte.

Die offiziellen Kandidatenvorstellungen verliefen desaströs, da er im Stadtteil D. ausgebuht wurde und in B. vor 1.400 Bürgern eine inhaltlich und rednerisch katastrophale Rede hielt, die sehr wahrnehmbar einen Versprecher beim Namen der Stadt (!) beinhaltete.

Ein Gesprächspartner aus dem Unterstützerlager wertet den Wahlkampf als „katastrophal", „typmäßig passend als One-Man-Show". Ein Gesprächspartner aus dem Gegnerlager, naturgemäß mit einer Sicht von außen auf die Kampagne, befand Prospekte und Timing in Ordnung, als Standard-Wahlkampf, mit deutlich weniger Terminen als der Herausforderer.

Thematische Schwerpunkte

Eine echte Schwerpunktsetzung fand nicht statt, Probleme wie Verkehr, Wohnungsnot und Baustellenmanagement wurden zwar angesprochen, aber nicht konzeptionell unterlegt. Die Wahrnehmung der Interviewpartner, dass diese Themen zentral waren, konterkariert die Betonung „weicher" Themen bei der Vorstellung des Wahlprogramms. Allgemein entstand der Eindruck eines Kandidaten, der „gegen sich selbst Wahlkampf macht".

Unterstützerkreis

Ein entschlossener Unterstützerkreis für den Amtsinhaber war nicht sichtbar. Die organisatorische Unterstützung bestand vor allem aus Kreisen der CDU, ohne dabei in besonderer Begeisterung für den Parteifreund zu fußen. Die Freien Wähler hielten sich im Vergleich nach Meinung der angesprochenen Experten mit Unterstützung noch stärker zurück. Die Presseerklärung, die Kandidatur zu unterstützen, erfolgte Wochen nach der Erklärung der Kandidatur am 22. Oktober 2017.[217]

5. Der Wahlkampf des Herausforderers

Die SPD, die 2010 den Platz des Oberbürgermeisters „verloren" hatte, suchte erfolglos nach einem Kandidaten. Die Grünen unterstützten ihren Gemeinderat Dr. B.; dieser erklärte am 27. Oktober 2017 seine Kandidatur.

Wahlkampfstil

Der Herausforderer veranstaltete gut besuchte Zukunftsforen und Quartiersrundgänge. Der Kandidat war sehr präsent. Es kamen keine Pannen vor, der Wahlkampf war also sehr professionell. Sein Unterstützer vermerkt: „Er wollte unbedingt OB werden", zeigte also den auch von *Kern* angemahnten Siegeswillen. Er präsentierte sich als freundlicher, ideenreicher Kandidat.

„Er ließ sich nicht auf einen Wettstreit bei den starken Punkten des Amtsinhabers ein, sondern betonte das Thema städtische Identität, bürgerschaftlicher Zusammenhalt, sprach die Bürger auf einer emotionalen Ebene an, versprach ein Agieren auf Augenhöhe", erklärt dazu ein Interviewpartner. Auch kokettierte er mit Politikferne und Verwaltungsferne, was als Versuch gesehen werden kann, die unbestrittene Kompetenz des Amtsinhabers zu neutralisieren.

Thematische Schwerpunkte

Als thematische Schwerpunkte wurden auf der Sachebene die Themen Lebensqualität, Verkehr, insbesondere auch alternative Verkehrsformen, So-

217 *Panse* 2017.

ziales und Wirtschaft gesehen, auch Bürgerbeteiligung. Als roter Faden des Wahlkampfes konnte die Formel „B. kann mehr“ ausgemacht werden, also ein direkter Gegenpunkt zur Leistungsbilanz des Amtsinhabers.

Unterstützerkreis

Das Unterstützerteam war breit aufgestellt, mit grün-alternativem Kern. Auch Mitglieder der oben genannten Fahrradinitiative gehörten dazu. Eine professionelle Begleitung bestand durch ein Büro aus Tübingen, das Erfahrungen mit grünen Wahlkämpfen auf Landtags-, Bundestags- und Bürgermeisterwahlebene in unterschiedlichen Bundesländern vorweisen kann.

Der Herausforderer setzte auf die Themen Lebensqualität, Soziales, Wirtschaft. Beim Thema Fernwärme konnte er auf Vermittlung bzw. Schlichtung setzen, während der Amtsinhaber die verhärtete Front, die in einer Dienstaufsichtsbeschwerde gegen ihn mündete, nicht aufbrechen konnte. Auch konnte er einen anderen Stil im Umgang mit der Bürgerschaft und generell mehr Bürgerbeteiligung glaubhaft vermitteln.

6. Fazit

Festzuhalten ist in diesem Kontext, dass der dritte Kandidat ein ähnliches Ergebnis erzielte, wie er es acht Jahre zuvor getan hatte tat. Ähnlich wie in F. – dazu gleich – zeigt sich, dass eine Konzentration auf eine „Zweikampfsituation“ nicht automatisch gegeben ist, vor allem wenn kein zweiter Wahlgang, in dem taktisches Zurückziehen und die Abgabe von Wahlempfehlungen eine Rolle spielen kann, ins Spiel kommt.

Der Amtsinhaber konnte kein engagiertes und motiviertes Team um sich scharen, keine Vorstellung eines gelungenen Wahlkampfes entwickeln und die vorhandene Favoritenrolle und Bekanntheit nicht in Stimmen umsetzen. Auch wirkte seine Themensetzung beliebig und wirr.

Die wenig souveränen Auftritte machten das politische Pfund der Kompetenz zunichte. Der Gegenkandidat konnte hier – gleichsam als leibhafte Antithese des Amtsinhabers – als umgänglicher, strukturierter Teamplayer gegenüber einem unnahbaren Einzelkämpfer auftreten und punkten. Von allen Interviewpartnern war zu hören, dass Dr. B. auch von klassischen CDU-Wählern gewählt wurde, was auch der Blick auf die Wahlergebnisse nahelegt.

IV. Fallstudie 2, Stadt F.

Die Oberbürgermeisterwahl am 22.04.2018 brachte keine Entscheidung, aber ein für alle Beobachter überraschend schwaches Abschneiden des

Amtsinhabers D. S., der mit 31,3 % den zweiten Platz hinter dem am Ende siegreichen Herausforderer M. H. mit 34,7 % belegte. Die ehemalige grüne und dann unabhängige Gemeinderätin M. S. erhielt 26,2 % als dezidiert linke Kandidatin.[218] Im zweiten Wahlgang setzte sich der Herausforderer klar durch.

1. Politische Kultur der Stadt F.

Die Universitätsstadt F. wird übereinstimmend als Stadt mit hohem Selbstbewusstsein und Sendungsbewusstsein gesehen. So erklärt der Finanzbürgermeister im Zeitungsinterview:

„Es werden oft die höchsten Standards gewünscht. Wie können wir es noch besser machen? Da gibt es offenbar keine Grenzen. Man vergisst dabei ab und an zu fragen, ob es dafür das notwendige Kleingeld gibt."[219] Dies wurde auch von Interviewpartnern so gesehen. Eine Schulsanierung soll in F. architektonisch und ökologisch Maßstäbe setzen.

Die Stadtgesellschaft ist sehr differenziert, mit vielen unterschiedlichen, artikulationsstarken Interessengruppen, die alle politischen Themen kontrovers begleiten. Das entspricht der starken Polarisierung, die auch *Wehling* für Universitätsstädte unterstellt.[220] Der Gemeinderat ist deshalb sehr vielfältig in seinen Positionen, aber zur konstruktiven Zusammenarbeit fähig.

2. Politische Ausgangslage

Der Amtsinhaber D. S. wurde 2002 gegen eine der CDU angehörende Oberbürgermeisterin einer anderen Stadt im zweiten Wahlgang, getragen von Parteien und Gruppen eines Mitte-Links-Bündnisses, gewählt. Seine Wiederwahl 2010 erfolgte durch ein starkes Abschneiden in den CDU-Hochburgen gegen den SPD-Kandidaten und Sozialdezernenten mit 50,5 % im ersten Wahlgang; ein linker Bewerber erreichte 20 %.

Damit trat D. S. 2010 und 2018 als Kandidat des pragmatischen Flügels der Grünen und der CDU an, während die 2002 erfolgreiche Koalition bereits durch den Sparkurs und den geplanten Verkauf der städtischen Wohnungen zerbrochen ist. 2018 gelang offensichtlich die Verbindung pragmatischer und konservativer Ziele und Maßnahmen nicht mehr in ausreichendem Maße.[221]

---

218 *Frankfurter Allgemeine Zeitung* v. 23.04.2018.

219 *Badische Zeitung* v. 15.07.2018.

220 *Wehling* 2012.

221 *Die Zeit* v. 06.05.2018.

Als Probleme wurden von allen Interviewpartnern Infrastruktur und Wohnen genannt. Bereits in der ersten Periode des abgewählten Amtsinhabers wurde durch einen Bürgerentscheid der Verkauf der kommunalen Wohnungen an private Investoren verhindert. Bei einem Bürgerentscheid zum Neubau eines Stadions am 01.02.2015 setzten sich die Befürworter durch. Bedingt durch das dargestellte Wachstumserfordernis wurde mit den Planungen für ein neues Stadtviertel im Westen der Stadt begonnen. Die Interviewpartner stimmen darin überein, dass es einen Konflikt zwischen dem Osten und dem Westen der Stadt gibt. Der Osten ist wohlhabender; gleichzeitig entsteht die neue Infrastruktur im Westen. Aufgrund der beteiligungsstarken Bevölkerung sehen die Interviewpartner bei allen relevanten Entscheidungen eine streitig diskutierende, partizipationsinteressierte Bevölkerung.

3. Die Amtsführung des Amtsinhabers

Der unterlegene Amtsinhaber wurde von allen Interviewpartnern als sachlich kompetenter Oberbürgermeister gesehen, der die wesentlichen Themen identifizierte und lösungsorientiert bearbeitete. Diese Wahrnehmung bestand auch in der Bürgerschaft. Seine Kritiker sahen gleichfalls keine Defizite in der Problemwahrnehmung, sondern in der Handlungskompetenz.

Der Gemeinderat von F. wurde von allen drei Interviewpartnern als kompromissfähig, aber segmentiert angesehen. Die Vielzahl an Fraktionen bzw. Listen machten insbesondere seit der Kommunalwahl 2014 die Mehrheitsfindung schwieriger. Ein Interviewpartner wies darauf hin, dass vor 2014 Mehrheiten durch Grüne, CDU und FW möglich gewesen waren; erst ab 2014 wurde die Mehrheitsfindung schwieriger und auch der Stil konfrontativer.

Als wichtige kommunale Aufgaben der letzten Amtszeit wurden der Stadionneubau, der Ausbau der Kinderbetreuung, Schulsanierungen und Wohnungsbau sowie der Ausbau der Tram gesehen. Der Großteil der Projekte wird mit dem OB in Verbindung gebracht, mit Ausnahme des neuen Stadtteils. Ein Interviewpartner hingegen sah alle großen Projekte mit dem OB verknüpft, da er das „Gesicht" der Kommunalpolitik sei.

Politische Niederlagen des Amtsinhabers waren eher selten. Es wurde darauf verwiesen, dass nur Vorlagen mit Aussicht auf Erfolg in den Gemeinderat eingebracht worden seien (Agendakontrolle). Eine tatsächliche Abstimmungsniederlage von Gewicht ergab sich beim verlorenen Bürgerentscheid zum Verkauf der Stadtbau. Durch die schwierigeren Mehrheitsfindungen gab es zudem Abstimmungsniederlagen zur Quote geförderten Wohnens.

Beim Umgang des Amtsinhabers mit anderen Akteuren gab es subjektive Unterschiede in der Wahrnehmung. Ein langjähriger Weggefährte beschrieb ihn allgemein als „strukturiert, sachlich, politisch denkend, menschlich korrekt im Umgang, kooperativ und wertschätzend". Andere Interviewte stellten seine Distanz zum Gesprächspartner heraus. „Leidenschaftlich, intelligent, besserwisserisch", „im Negativen ein Sonnenkönig, im positiven Sinne ein durchsetzungsstarker Macher".

Im Umgang mit der Verwaltung wurde ihm hohe sachliche Kompetenz, Loyalität und zielorientiertes Führen bescheinigt. Dem Gemeinderat gegenüber zeigte er einerseits die bereits erwähnte Kompetenz, andererseits eine Neigung zu als belehrend empfundenen Repliken. Im Umgang mit der Bürgerschaft und Gruppen suchte sich der OB zunehmend aus, mit wem er Umgang pflegte – distanziert, bisweilen wohl auch arrogant.

„Er war eher der Gast auf der Delegiertenversammlung des Dachverbands der Kleintierzüchter, weniger beim Kleintierzuchtverein im Viertel bei der Hauptversammlung", fasste es ein Interviewpartner zusammen.

Dementsprechend ähnelten sich auch die Ansichten über sein Image in der Bürgerschaft: zielorientiert, geradlinig, dominant, aber auch weniger bürgernah, Sonnenkönig. Gesellschaftspolitisch wurde er als Liberaler, als „ökologischer Realpolitiker" beschrieben.

Als klare Gegner wurden die Interessengruppen gesehen, die den Verkauf der Stadtbau verhinderten. Von „erkalteter Liebe" im ökoliberalen Milieu war die Rede und von Misstrauen im linkeren Spektrum der Stadtgesellschaft, die ihn als „Handlanger der Bauwirtschaft" oder als „Neoliberalen" sahen. Auch die Gegner des Stadionneubaus fielen in diese Kategorie.

4. Der Wahlkampf des Amtsinhabers

Der Amtsinhaber startete klar als Favorit und nahm erst im Laufe des Wahlkampfes eine ungünstige Stimmung ihm gegenüber zur Kenntnis. Den Herausforderer nahm er nach einer Ansicht erst am Abend des ersten Wahlgangs ernst; andere wollen einen früheren Umschwung bemerkt haben. Im Wahlkampf wurde thematisiert, dass der Amtsinhaber seine Büroleiterin ehelichte und sie anschließend in dieser Stellung verblieb und befördert wurde. In der Literatur wird jedoch darauf hingewiesen, dass Umstände der persönlichen Lebensführung wie Scheidungen politisch in der Regel keine Rolle mehr spielen.[222] Das politische Problem bestand jedoch nicht in der Wiederverheiratung an sich, sondern in der Verknüpfung zwischen Persönlichem und Beruflichem, also eher in einem möglichen „Compliance-Fall".

---

222 *Löffler* 2016.

Wahlkampfstil

Sein Wahlkampf wird unterschiedlich beurteilt. Der Interviewpartner aus dem Team des Herausforderers nahm den Wahlkampf des Amtsinhabers handwerklich solider wahr als die Unterstützer. Defizite wurden weniger im Bereich der handwerklichen Umsetzung – Zeitungsanzeigen, Testimonials, YouTube-Videos und Kinowerbespots – gesehen als vielmehr in der strategischen Dimension. Kritisch gesehen wird auch die Entscheidung, sich nicht am „Wahl-O-Mat“ zu beteiligen.

Allerdings ist ein persönlich eher distanzierter Kandidat, der als Teil des Establishments gesehen wird, mit einem Plakat, auf dem er mit seinem nicht herausstechendem Vornamen wirbt, eher schlecht beraten, da eine solche Gestaltung in paradoxer Weise eher auf eine fehlende Nähe zur Bürgerschaft hinweist bzw. diese womöglich noch verstärkt.

Thematische Schwerpunkte

Die Wahrnehmung der Zukunftspläne war eine Extrapolation der zukünftigen Pläne aus der Bilanz der vergangenen 16 Jahre. Konkrete Ziele spielten im Wahlkampf eine geringere Rolle als vom Amtsinhaber angenommen. Ein Kritiker sagt dazu: „Ein echtes Thema hatte er nicht. Er präsentierte sich und seine Bilanz und leitete daraus ein ‚Weiter so‘ ab.“

Die Ankündigung einer geplanten, schrittweisen Erhöhung der Kitagebühren war bei einem Gegenkandidaten, der auf Sozialpolitik setzte, geradezu fahrlässig.[223] Dazu kam ein inhaltlicher Positionswechsel bei der Bebauung eines im Westen gelegenen Stadtteils, der auch durch seinen Stil Glaubwürdigkeit kostete.

Unterstützerkreis

Der Unterstützerkreis wurde im Bereich des städtischen Establishments gesehen – „viele Schulterklopfer“ – sowie aufseiten der den Kandidaten tragenden Parteien CDU und Grüne. Der Unterstützerkreis wurde als „selbstgefällig und passiv“ wahrgenommen, kein Engagement mit „Hand am Arm“, also persönlichem Einsatz im Haustür- oder Straßenwahlkampf. Der Amtsinhaber ging ursprünglich ebenfalls von einem ungefährdeten Sieg aus, was die Nervosität auch in der Schlussphase verstärkte und zudem zu „negative campaigning“ führte, das allerdings keine positive Wirkung zeitigte.

---

223 *Stuttgarter Zeitung* v. 03.05.2018.

5. Der Wahlkampf des Herausforderers

Die meisten Fraktionen sondierten potenzielle OB-Kandidaten. Die SPD fand den Kandidaten M. H. Die Einschätzung des Kandidaten und des Umfeldes war zu Beginn des Wahlkampfs, ein achtbares Ergebnis mit einem Außenseiter-Kandidaten einzufahren.

Wahlkampfstil

M. H. führte einen Wahlkampf, der übereinstimmend als hoch professioneller Sympathiewahlkampf oder „Nettigkeitswahlkampf" beschrieben wurde. Besonders geschickt, professionell und intensiv wurde dabei der Wahlkampf in den sozialen Medien geführt. Dem Kandidaten gelang dabei die Verknüpfung einer Vielzahl von Terminen sowie von teilweise überraschenden Aktionen mit dem Online-Wahlkampf.

Einem Beobachter zufolge ist der Wahlkampf von M. H. „eine der professionellsten Kampagnen gewesen, die ich je erlebt habe. Bilder und Botschaften wurden in schneller Folge gemacht, der Wahlkampf war medial begleitet. Alles war hervorragend komponiert und aufeinander abgestimmt". Er habe „einfache Botschaften gesetzt, die die Menschen emotional erreichen".

Der Herausforderer positionierte sich bei den politischen Streitthemen erfolgreich so, dass alle Seiten jeweils eine Unterstützung ihrer Position aus den Aussagen herauslesen konnten. Ein Interviewpartner wies darauf hin, dass auch Interview- und Duellformate inhaltlich an der Oberfläche blieben, Positionen und Aussagen der Kandidaten also nicht vertiefend auf ihre Plausibilität überprüft wurden, worin ein Vorteil für den Herausforderer gesehen wurde.

Thematische Schwerpunkte

Der Herausforderer nahm die bereits beschriebenen Themen der Stadtgesellschaft wie bezahlbares Wohnen, gesellschaftlicher Zusammenhalt, aber auch Digitalisierung auf und verstand es geschickt, genaue Positionierungen und Sachangaben zu vermeiden. Es gelang ihm, seine gewinnende Persönlichkeit und seinen politischen Stil in die Mitte des Wahlkampfes zu rücken. Damit waren Bürgernähe, die Fähigkeit, zuzuhören, starke Präsenz sowie sein entschlossenes Auftreten zentrale Themen; aber ebenfalls ein als teamorientiert wahrgenommener Führungsstil und Bescheidenheit („einer von uns", mehr „Bürger" als „Meister"). Der Kandidat wirkte damit sehr authentisch.

Unterstützerkreis

Der Unterstützerkreis bestand aus einem harten Kern der örtlichen SPD sowie dem Freundes- und Bekanntenkreis des Kandidaten. Ungewöhnlich war, dass sich sogar eine Art „Bewegung" für den Herausforderer entwickelte, die sehr viele aktive Mitstreiter fand – bestehend sowohl aus „Fußvolk" für einen Straßenwahlkampf wie auch aus professionellen Unterstützern im Bereich Design und Social Media. „Beeindruckend war, wie viele Menschen einfach mitmachen wollten."

6. Fazit

Der Amtsinhaber startete als klarer Favorit in den Wahlkampf. Bezieht man die Ergebnisse der Wahlen 2002 und 2010 in die Betrachtung ein, stand der Riese hingegen von Beginn an auf tönernen Füßen. Die Mehrheit des breiten Mitte-Links-Bündnisses der Wahl 2002 zerbrach sehr schnell; die neue Koalition, die auch authentisch zur politischen Ausrichtung des Amtsinhabers passte, schloss bürgerliche Kreise mit ein. Dieses Bündnis errang 2010 einen hauchdünnen Sieg mit 50,5 % im ersten Wahlgang. Die Differenz von 20 Prozentpunkten zum Zweitplatzierten ließ die Erkenntnis in den Hintergrund treten, dass knapp die Hälfte der Wähler einen anderen Kandidaten präferiert hatten.

Auch existierte jenseits des politischen Mainstreams ein verlässlich aktivierbares linkes Wählerpotenzial.

Die Wahlkampfführung wird zutreffend von *Michael Wehner* zusammengefasst: „Der überall präsente Nettigkeitswahlkampf von M. H. kam besser an als der bürgerliche, attitüdenhafte Wahlkampf von D. S."[224]

Ein Interviewpartner sah nachlassende Bindungskräfte bei den Grünen, aber auch vom Kandidaten und seinem Umfeld nicht wahrgenommene Veränderungen in der Wahrnehmung als den entscheidenden Punkt an: „D. S. trat vor 16 Jahren als der junge, freche Underdog an. Er stand für den Neuanfang. Jetzt wurde der Spieß herumgedreht."

V. Fallstudie 3, Gemeinde T.

T. ist eine Gemeinde im Landkreis Ludwigsburg mit 12.800 Einwohnern. Die zum Zeitpunkt der Interviews angestrebte Stadterhebung, um ein wahrgenommenes Defizit in der Außendarstellung zu mildern, ist mittlerweile umgesetzt worden.[225] Zu den politischen Aufgabenstellungen gehört das weitere Zusammenwachsen des alten Ortes T. mit der in den 1970er-Jahren entstandenen Siedlung H., ein Ausbau der Kinderbetreuung, die Sanierung der Schulen und städtischen Einrichtungen sowie die Überlastung der Straßen.

224 *Frankfurter Allgemeine Zeitung* v. 23.04.2018.
225 *LKZ* v. 14.03.2022.

Bürgermeister Z. wurde am 28.09.2014 bei einer Wahlbeteiligung von 44,15 % und einem Stimmenanteil von 41,07 % gegenüber 57,87 % für M. B. abgewählt. Auf den Dauerbewerber U. R. entfielen 0,84 %.[226] Das Ergebnis und die Deutlichkeit überraschte die Interviewpartner.

1. Politische Kultur der Gemeinde T.

T. gehört in der Region zu den kleineren Gemeinden, was durch die Lage zwischen den beiden größten Städten des Landkreises Ludwigsburg verschärft wird. Sie wird als „Wohn- und Schlafstadt gesehen". Die Gemeinde T. sieht sich selbst als dörflich/kleinstädtisch strukturiert. Damit ist die Wahrung des guten Miteinanders im Ort ein wichtiges Thema der politischen Kultur. Alle Gesprächspartner sprachen von einem florierenden, vom Engagement langfristig in T. lebender Bürger getragenen Vereinsleben. T. ist geprägt durch das Thema des Zusammenhalts der Gemeinde und des Zusammenwachsens der beiden Gemeindeglieder. Eine politische Kultur dieser Ausprägung geht normalerweise mit einer Erwartung an den Bürgermeister einher, Träger und Vermittler dieser Harmonie zu sein.

2. Politische Ausgangslage

Bürgermeister Z. trat im Jahr 2006 die Nachfolge eines sehr angesehenen Vorgängers an, der zum Oberbürgermeister einer anderen Stadt gewählt worden war. Z. war zuvor bereits seit 1990 Kämmerer der Gemeinde und ab 1993 Erster Beigeordneter gewesen. Ernst zu nehmende Gegenkandidaten hatte er nicht, obwohl mehrere Fraktionen aktiv nach solchen suchten, da es schon früher Bedenken aufgrund seines Führungsstils gegeben hatte. Er erklärte beim städtischen Neujahrsempfang im Januar 2014, im Herbst wieder zu kandidieren.[227] Der Herausforderer war amtierender Gemeinderat der SPD-Fraktion und ehemaliger Bauamtsleiter, der die Verwaltung der Gemeinde im Jahr 2008 im Disput mit dem Amtsinhaber verließ.[228]

3. Die Amtsführung des Amtsinhabers

Die Interviewpartner sind der Ansicht, dass der Amtsinhaber sich der zentralen Themen bewusst war und diese zumindest teilweise auch anging, so etwa im Bereich der Kinderbetreuung. Bezüglich der Leistungsbilanz geht ein Interviewpartner davon aus, dass der Bau eines zweiten Pflegeheims

226 *Stuttgarter Zeitung* v. 28.09.2014.

227 *Bietigheimer Zeitung* v. 14.01.2014.

228 *Stuttgarter Zeitung* v. 23.09.2014b.

sowie ein Kitaneubau mit ihm verbunden worden seien, eventuell auch der Baubeginn der Grundschulmensa. Kritiker bemängeln auf der Sachebene eine wenig nachhaltige Finanzpolitik bei gleichzeitigem Sanierungsstau.

Seine Amtsführung wird von Interviewpartnern hingegen als chaotisch beschrieben. Es fehlte nach Ansicht aller Interviewpartner der „rote Faden“ in der Arbeitsweise. Klare Vorgaben wurden verwaltungsintern nicht gemacht, dafür griff der Bürgermeister unvermittelt und unvermutet in Prozesse ein; es wird von einer Tendenz zum Mikromanagement gesprochen. Auch Spannungen im Vereinsleben sind auf Ungleichbehandlungen infolge mangelnder Strukturen zurückzuführen. Nach Ansicht eines neutralen Interviewpartners trat er nie aus der Position des „zweiten Mannes“ wirklich heraus, „die Schuhe von M. [des Vorgängers] waren zu groß“.

Im persönlichen Umgang wird er als sehr leutselig und freundlich beschrieben, allerdings allgemein redselig. Eine kritischere Einschätzung sieht im persönlichen Umgang ebenfalls Defizite. Bei Veranstaltungen im Ort zeigte er Präsenz. Insbesondere als Sitzungsleiter wirkte er wenig konsequent und „monologisierend“. Die Folge waren überlange Sitzungen mit viel Unmut und einem aggressiven Diskussionsstil: Es würde viel geredet, wenig entschieden. Die großen Aufgaben würden zwar gesehen, aber nicht richtig angegangen. Deshalb seien auch keine echten politischen Niederlagen zu verzeichnen. Ein anderer Gesprächspartner wertet die Auseinandersetzung um ein Baugebiet und die Schulentwicklungsplanung der Gemeinde als Niederlage. Auch der Umgang mit der Vereinslandschaft führte zu Unmut, da eine einheitliche Linie fehlte, also Einzelfallentscheidung an Einzelfallentscheidung gereiht worden sei.

In der Folge bestand eine Gegnerschaft zwischen dem Amtsinhaber und den Fraktionen der SPD, Grünen und der Liste Lebenswertes T. (LLT). Die LLT ging als Abspaltung aus der CDU und der Allgemeinen Wählervereinigung T. (AWV) hervor. Die drei erstgenannten Fraktionen suchten Gegenkandidaten. Auch die Fraktionen der CDU und der AWV, die oft den Schulterschluss mit der Verwaltung suchten, unterstützten den Amtsinhaber nicht offiziell.

4. Der Wahlkampf des Amtsinhabers

Der Wahlkampf des Amtsinhabers wird als schlecht vorbereitet beschrieben. Alle Interviewpartner stimmten darin überein, dass der Herausforderer durch den Amtsinhaber nicht ernst genommen worden sei. Selbst nach ungünstigen Ergebnissen der ersten Wahlbezirke äußerte der Amtsinhaber die Zuversicht, dass die Briefwahlergebnisse eine überwältigende Zustimmung erbringen würden. Die Podiumsdiskussion der örtlichen Zeitung war nach Einschätzung eines Gesprächspartners eine Niederlage des Amtsinhabers „nach Punkten"; im Weiteren wurde die Wahl als offenes Rennen empfunden.

Wahlkampfstil des Amtsinhabers

Aus seiner vermeintlich unangreifbaren Position heraus warb der Amtsinhaber mit bescheidenen Mitteln durch eine Homepage, einen Flyer, verschiedene Anzeigen im Amtsblatt und drei Veranstaltungen. Die Werbematerialien wirkten dabei wenig durchdacht und eher unprofessionell.

Thematische Schwerpunkte

Die Herausforderungen, vor denen die Gemeinde stand – etwa Verkehr, Schule, Neubaugebiete –, wurden von ihm zwar beschrieben, aber ohne dabei weitere, neue Lösungsvorschläge anzubieten. Auch griff er das Thema „Führungsstil" nicht auf, Kritik „perlte an ihm ab".

Unterstützerkreis

Der erkennbare Unterstützerkreis rekrutierte sich ausschließlich aus dem persönlichen Freundeskreis des Amtsinhabers und seiner Familie. Gemeinderäte und sonstige kommunalpolitische Multiplikatoren wurden nicht ausgemacht. Keine Fraktion und kein einzelner Gemeinderat unterstützten offiziell seine Kandidatur. Im Unterstützerumfeld sieht ein Gesprächspartner allerdings die AWV und die Vertreter der evangelischen Kirchengemeinde.

5. Der Wahlkampf des Herausforderers

Der Herausforderer erklärte relativ kurzfristig – aber gut vorbereitet – seine Kandidatur und stattete Hausbesuche ab. Auch bot er Veranstaltungen an, die auf großes Interesse stießen.

Wahlkampfstil

Mit einer Postkartenverteilung an alle Haushalte wurde das Veranstaltungsformat „Sie machen den Kaffee, ich bringe den Kuchen" beworben, was viel Resonanz fand. Insgesamt wird der Wahlkampf als deutlich professioneller beschrieben. Die LLT kritisierte den Amtsinhaber kurz vor der Wahl mit einem Flyer sehr scharf, was von Interviewpartnern mehrheitlich kritisch gesehen wurde. Der Herausforderer warb für einen transparenten, kommunikativen und stringenten Politikstil, der „Pragmatismus, Erfahrung [und] lösungsorientiertes Arbeiten" verbinden solle, und stellte sich als zielorientiert und klar strukturiert dar.

Thematische Schwerpunkte

Thematisch setzte der Herausforderer ähnliche Schwerpunkte wie der Amtsinhaber, ergänzt jedoch um das Thema Bürgerbeteiligung und die Ansiedlung von attraktiven Arbeitgebern – als Kompensation für den fusionsbedingten Wegfall von Porsche als Steuerzahler im Ort.[229] Dazu wurde auch generell der Stil des Amtsinhabers kritisiert.

Unterstützerkreis

Sein Unterstützerkreis war über die unterstützenden Fraktionen bzw. Parteien SPD, Grüne und LLT hinaus breit aufgestellt. Mit Vernetzungstreffen wurden die Aktivitäten unterschiedlicher Gruppen koordiniert. Im Unterschied zum Amtsinhaber war die Zahl der bekennenden Unterstützer deutlich höher und zudem auch viel aktiver.

6. Fazit

Auffallend ist an diesem Beispiel, wie deutlich der Amtsinhaber den Herausforderer unterschätzte. Auch hier sehen alle Experten den Unterstützerkreis des Herausforderers als zahlenmäßig stärker, planmäßiger im Vorgehen, motivierter und für den Bürger deutlich sichtbarer an. Beide Kandidaten wirkten authentisch, wobei dies jedoch – wenig überraschend – aus Sicht der Kritiker des Amtsinhabers nur eingeschränkt gilt. Die Gesprächspartner zeigten sich von der Deutlichkeit des Wahlergebnisses überrascht.

VI. Zusammenfassung der Ergebnisse der Fallstudien

Gemeinsamkeiten bestehen jeweils in allen drei Städten in der Einschätzung der Stärken und Schwächen des jeweiligen Amtsinhabers. In B. stand bei allen Interviews mangelnde Sozialkompetenz im Vordergrund, in T. hingegen mangelnde Stringenz. In F. wurde dem OB Durchsetzungsfähigkeit gepaart mit zunehmender Abgehobenheit attestiert. Die Kandidatenkonstellationen waren unterschiedlich. Der Herausforderer in F. kam tatsächlich von außerhalb; in B. kandidierte ein unbekannter Gemeinderat und in T. ein bekannter ehemaliger Verwaltungsmitarbeiter, Mitbürger und Gemeinderat.

Auch kann als Ergebnis zusammengefasst werden, dass die Professionalität der Wahlkämpfe jeweils ein entscheidender Faktor war.

229 *Stuttgarter Zeitung* v. 17.05.2013.

Einfluss von Themen auf den Wahlkampf

Erkennbar hatten ganz bestimmte Themen Konjunktur, andere spielten keine Rolle. So wurde in den 2018er Wahlen das Thema Flüchtlinge von keinem Interviewpartner erwähnt, da sichtbar versucht wurde, dieses schwierige Thema nicht kommunalpolitisch einzusetzen. Auch war die Sanierung des Haushalts nur in F. in der Rückschau ein Thema, was sich mit der guten Einnahmesituation der Kommunen seit den Haushalten 2010/2011 erklären lässt.

Herausforderer konnten gewagte thematische Aussagen treffen, ohne unglaubwürdig zu werden: Sei es ein 100-Tage-Wohnraumprogramm in F. oder verbilligter ÖPNV in B.

Die abgewählten Amtsinhaber drangen in B. und F. nicht mit dem Versuch durch, die Wiederwahl über ihre Leistungsbilanz zu begründen; in T. wurden Zukunftspläne und Leistungsbilanz gleichermaßen als eher dürftig empfunden.

Thematisiert wurde in allen drei Fällen der persönliche Stil der Amtsinhaber: Mangelnde Zielorientierung in T., Alleingänge und geringe Kommunikationskompetenz in B. und Abgehobenheit in F.

Wahlkampfführung

Allen drei untersuchten Bürgermeistern war zu eigen, dass sie den Herausforderer erst spät ernst nahmen: Ein Oberbürgermeister zu Beginn der heißen Phase des Wahlkampfes, ein zweiter gegen Ende des Wahlkampfes und der dritte sogar erst bei der Verkündigung des Ergebnisses.

Damit wurden die Amtsinhaber in einer Schlussphase, in der funktionierende Botschaften verstärkt zu präsentieren gewesen wären, mit einer neuen Konstellation konfrontiert, auf die sie nicht vorbereitet waren. Der Einsatz von parteipolitischer Prominenz wie Claudia Roth und Winfried Kretschmann wirkte nicht positiv, sondern bekräftigte im Ergebnis die Vorbehalte *Löfflers* gegen derartige Maßnahmen.[230] Ebenso sinnlos war die schlecht geplante zusätzliche Plakatierung in B.

Unterstützerkreis

In allen drei Kommunen war der Unterstützerkreis des Amtsinhabers inaktiver, schwächer präsent und weniger strukturiert am Werk, als dies von den entschlossenen, motivierten Teams der Herausforderer gesagt werden kann. Dies kann auch nicht mit der Motivation, sichtbar auf einer Siegerstraße zum Erfolg getragen zu werden, erklärt werden. Immerhin starteten

230 *Badische Zeitung* v. 02.05.2018; *Löffler* 2016.

zwei der drei Teams aus einer von ihnen selbst wahrgenommenen Außenseiterposition.

G. Praktische Empfehlungen für Wahlkämpfe

Die Stabilität des kommunalpolitischen Systems in Baden-Württemberg ist hoch. Spektakuläre Abwahlen amtierender (Ober-)Bürgermeister überraschen zwar auf jeden Fall das überörtliche Publikum der Zeitungen, wenn auch weniger die kommunalpolitischen Akteure. Doch sprechen die Gesamtzahlen ein deutliches Bild: Mit Abwahlen ist zu rechnen. Knappe Wahlergebnisse treten weder bei den Wiederwahlen noch bei den Abwahlen in hohem Umfang auf.

Auch spricht bei einem genaueren Blick auf die Abwahlen wenig dafür, dass nur Enttäuschungen und „Betriebsunfälle" der vorherigen Wahl korrigiert werden; sondern es werden in der Praxis auch durchaus fähige und nicht gänzlich unbeliebte Bürgermeister mit dieser Möglichkeit konfrontiert. Aus der Perspektive des Einzelfalls stellt sich dabei die Frage, ob Wiederwahlen heutzutage schwieriger zu bewerkstelligen sein könnten als Erstkandidaturen. Dabei wird auf die mangelnde Durchschlagskraft von Leistungsbilanzen oder – emotionaler – auf eine vermeintlich mangelnde „Dankbarkeit" der Wähler verwiesen.

Der in der qualitativ vorgehenden Literatur erfasste Umstand, dass Amtsinhaber freiwillig früher aus dem Amt ausscheiden, als die (vormals bestehenden) kommunalrechtlichen Altersgrenzen es fordern würden, schlägt sich auch in den quantitativen Untersuchungen nieder. Insbesondere in den „Coronajahren" fand jede zweite Wahl ohne Beteiligung eines Amtsinhabers statt.

I. Erkenntnisse zum analytisch-konzeptionellen Rahmen

Bürgermeisterwahlen funktionieren nach ihren eigenen Gesetzmäßigkeiten, die sie von anderen Wahlen unterscheiden. Sie sind zum einen Persönlichkeitswahlen, was sie schon ganz vordergründig von den meisten anderen Wahlen im politischen System der Bundesrepublik abhebt. Zum anderen führt der „unpolitische" Ruf des Bürgermeisteramtes in Verbindung mit dem kommunalpolitischen System dazu, dass Wahlen vielerorts ohne ernst zu nehmende Gegenkandidaten durchgeführt werden.

Überlegungen zur politischen Kultur

Ausgehend von den dargestellten Überlegungen zur regionalen politischen Kultur kann in allen drei der im vorherigen Kapitel untersuchten Kommunen eine eigenständige politische Kultur erkannt werden, welche entlang der Analysedimensionen „Leistungsfähigkeit“ und „Zusammengehörigkeit“ beschrieben werden kann: Die Universitätsstadt F. mit einer aktiven Bevölkerung und dem Wunsch, eine Rolle mit Weltgeltung einzunehmen; B. kann als Industriestadt mit fiskalischer Leistungsfähigkeit, aber auch geringem gesellschaftlichen Zusammenhalt beschrieben werden; und zuletzt T. als Kleinstadt mit dem vorrangigen Ziel des innerörtlichen Friedens und der Erzeugung von Zusammenhalt mit der großen Neubausiedlung.

Diese politische Kultur, ihre „Dos“ und „Don'ts“, müssen Kandidaten nicht nur bei ihrer erstmaligen Kandidatur beachten – sie sind auch für Amtsinhaber relevant.

Wechselstimmung oder Unzufriedenheit?

In Bezug auf „überraschende“ Abwahlen ist in allen drei Kommunen konstatiert worden, dass „keine Wechselstimmung“ auszumachen gewesen sei. Zur Erklärung dieses Phänomens kann auf den Begriff der „latenten Wechselstimmung“ zurückgegriffen werden – eine Wechselstimmung, die zwar vorhanden, aber nicht beobachtbar ist. Fraglich ist jedoch, ob der Begriff überhaupt passend ist. Wechselstimmungen setzen eine Alternative voraus. So stehen etwa bei Umfragen zu Bundes- oder Landtagswahlen unterschiedliche Parteien mit verschiedenen Führungspersönlichkeiten zur Auswahl. Zeichnen sich hier Mehrheiten für Oppositionsparteien ab oder bestimmte Präferenzen für diesen oder jenen Politiker bei hypothetischen Direktwahlen, wird oftmals von „Wechselstimmung“ gesprochen. So sprach die Bertelsmann-Stiftung im Frühjahr 2021 von einer „Wechselstimmung auf Rekordniveau“ und begründete dies mit dem Befund, dass sechs von zehn Bürgern einen Wechsel der Bundesregierung bevorzugen würden.[231]

Aus zwei Gründen erscheint dieses Konzept bei Bürgermeisterwahlen indes wenig tauglich. Zum einen gibt es nur selten demoskopisch unterfütterte Analysen auf kommunaler Ebene. Zum anderen müsste sich eine solche „Wechselstimmung“ bis zur Erklärung der Kandidatur eines Herausforderers auf die bloße Bereitschaft beziehen, anstelle des bekannten Amtsinhabers irgendeine andere, bisher unbekannte kandidierende Person zu wählen. Es liegt auf der Hand, dass dazu ein selten erreichtes Ausmaß an Unzufriedenheit mit dem Amtsinhaber vorhanden sein müsste.

Das Problem der nicht deutlich auszumachenden Wechselstimmung ist einerseits ein Problem für Amtsinhaber und ihre Unterstützer, die sich somit sicher fühlen. Andererseits stellt es aber auch für potenzielle Heraus-

231 *Bertelsmann-Stiftung* 2021.

forderer eine Hürde dar, insofern sie aufgrund ihrer vermeintlicher Chancenlosigkeit von einer Kandidatur von vornherein Abstand nehmen. In allen drei Kommunen verfolgten verschiedene Parteien das Ziel, das Rathaus zu „erobern“, aufgrund vermuteter Chancenlosigkeit nicht weiter.

II. Handlungsfeld Amtsführung

Jeder Wiederwahlversuch beinhaltet idealerweise auch eine Analyse zur Leistungsbilanz und zum Arbeitsstil des amtierenden Bürgermeisters. Im Folgenden werden einige hieraus abgeleitete Empfehlungen skizziert.

Kommunikationsstil

Erkennbar war in allen drei Fallstudien, dass die Kommunikation des Bürgermeisters mit Mängeln behaftet war. Die Situation in F. steht exemplarisch für das Problem, als Bürgermeister zunehmend in einem bestimmten Kreis zu verkehren und bevorzugt nur dort Austausch und Rückkopplung zu suchen. In B. konnte am deutlichsten gesehen werden, dass ein Bürgermeister in die Entscheidungsvorbereitung politische Akteure einbinden muss und nicht einsam entscheiden darf. Der Fall T. wiederum zeigt im Umkehrschluss, dass bloße Kommunikation allein – ohne konkrete, fassbare Folgewirkung – ebenfalls sanktioniert werden kann.

Fast schon als Binsenweisheit ist daher zu empfehlen, dass Bürgermeister einen offenen Kommunikationsstil mit den gesellschaftlichen und politischen Akteuren der Stadt pflegen sollten. Auch spielt das richtige Tempo kommunaler Projekte eine Rolle. Ein Bürgermeister, der „zum Jagen getragen“ werden muss, erzeugt neben Kritik klar den Wunsch nach einer personellen Veränderung. Genauso führt ein Zuviel an Projekten zur Überforderung – nicht nur der Verwaltung und oft auch der kommunalen Finanzen, sondern des kommunalpolitischen Systems insgesamt. „Der Oberbürgermeister wolle zu viel und erreiche zu wenig. Die Stadt verzettle sich, weil [der OB; d. Verf.] einem Leuchtturmprojekt nach dem anderen hinterher laufe“; so – den *Stuttgarter Nachrichten* zufolge – die Mitarbeiter einer Kommunalverwaltung über das Gebaren ihres später spektakulär abgewählten Rathauschefs.[232] Das richtige Tempo kommunalpolitischen Handelns lässt den Gemeinderat also weder ungeduldig wartend noch frustriert zurück.

232 *Stuttgarter Nachrichten* v. 04.02.2019.

Bürgerbeteiligung

Es stellt sich im Lichte der Untersuchung nicht zuletzt auch die Frage, wie das Leitbild „Bürgerbeteiligung" angemessen verstanden und mit Leben gefüllt werden sollte: als technokratische Verzahnung von Mitwirkungsprozessen in der kommunalen Planung; als Möglichkeit der strategischen Mitentscheidung inklusive Vetopositionen gegenüber Bürgermeister und Gemeinderat – oder als eine Frage des *Habitus*, in der Bürgermeister großes Interesse und Empathie an Ein- und Ansichten aus der Bürgerschaft zeigen müssen, unabhängig von Kenntnisständen, Planungszustand oder dem Kontext der Ansprache.

Die kleinteilige Bürgerbeteiligung ist ohne Zweifel ein wichtiger Teil des Verwaltungshandelns. Sie ist aber kein Garant für die Wahrnehmung der Bürger, „ernst genommen" zu werden. Tatsächlich eingefordert wird eine Bürgernähe im Sinne der Ansprechbarkeit des Bürgermeisters – was in B. und F. moniert wurde –, die dann aber auch in Verwaltungshandeln umgesetzt werden muss, was wiederum in T. als Kritikpunkt gesehen wurde.

III. Handlungsfeld Strategische Planung

„Nicht mit einem echten Gegner gerechnet", den „Gegenkandidaten unterschätzt" – und deshalb zu spät in den Wahlkampf eingestiegen und nicht reüssiert. So lautet das Fazit aus Interviews in allen untersuchten Kommunen. Auch die Literatur kennt eine Vielzahl derartiger Verdikte.[233] Daraus ist klar abzuleiten, dass Wiederwahlversuche ernst genommen werden müssen, noch bevor ein möglicher Gegenkandidat die Bewerbung abgibt. Darauf verweist auch *Kern* besonders eindringlich. Die Fallstudien unterstreichen auch die für die Stuttgarter OB-Wahl 1996 aufgestellte These *Hoeckers*, dass die Partei mit der „stringentesten Wahlkampfführung" den Sieg davongetragen habe.[234]

Amtsinhaber besitzen den zeitlichen Vorteil, sich früh auf einen Wahlkampf einstellen zu können. Dabei haben Bürgermeister durch ihre zentrale Rolle als „Spinne im Netz"[235] (genauer: mit der Steuerungsmöglichkeit der Agendakontrolle) die Möglichkeit, kommunalpolitische Themensetzung zu betreiben – bis hin zum optimalen Timing der Erklärung einer Wiederkandidatur. Sie können auch in gewissem Rahmen populäre Maßnahmen an-

233 *Kern* 2008; *Abberger* 2013; *Holzwarth* 2016.

234 *Hoecker* 2005, S. 135.

235 *Wehling* 2000, S. 185.

kündigen oder nicht notwendige Maßnahmen verschieben. So erklärten Kommunalpolitiker aus F, dass normalerweise nur Vorlagen präsentiert würden, die Aussicht auf Erfolg hätten. Vor diesem Hintergrund ist die Präsentation eines langfristigen Erhöhungsplans für die Kitagebühren mehr als fahrlässig.

Notwendig ist auch eine Analyse der Daten der letzten Wahl. Mindestens über die Ergebnisse der Wahllokale sind damit Überlegungen zu Hochburgen und Diasporagebieten möglich sowie darüber, wie sich Entscheidungen der letzten acht Jahre hier ausgewirkt haben könnten. Dies beinhaltet sowohl die Analyse des eigenen Wählerpotenzials als auch – in Kontrast zum eventuellen Selbstbild als „Bürgermeister für alle Bürger“ – die Definition dessen, welche Wählergruppen eher schwer erreichbar sind. Zusammengefasst also: „die eigenen Wähler, die unentschlossenen Wähler und die Wähler der anderen“. Dabei sollte eine gute Kampagne im Erfolgsfall die eigenen Wähler motivieren, die Unentschlossenen überzeugen und das Wählerpotenzial des Gegenkandidaten demobilisieren.

Hier sollte ein wiederkandidierender Bürgermeister entweder ein kritisch-offenes Umfeld haben, dass ihn mit dieser Analyse versorgt, oder eine entsprechende Beratungsleistung einkaufen. Die klassische Werbeagentur kann diese Dienstleistung hingegen in der Regel nicht erbringen; sie soll vor allem Ergebnisse der strategischen Planung in Werbebotschaften umsetzen.

IV. Handlungsfeld Unterstützer

In allen drei der hier untersuchten Wahlkämpfe wurde das Unterstützerumfeld des Amtsinhabers als träge, passiv, nicht deutlich zu sehen beschrieben, während das Team des Herausforderers jeweils energisch und sichtbar präsent auftrat. Erkennbar ist, dass Unterstützerteams des Favoriten und „Platzhirsches“ Mobilisierungsschwierigkeiten haben können.

Hier empfiehlt es sich für Amtsinhaber, frühzeitig aktiv zu werden und ein Team mit definierten Funktionen – Straßenwahlkampf, Fundraising, Social Media, Presse etc. – zusammenzustellen. Auch wenn diese Funktionen, zumal in kleineren Gemeinden, in der Person des Amtsinhabers zusammenlaufen, muss sich der Kandidat über ihre Existenz und das für sie aufzuwendende Zeitbudget im Klaren sein.

Dazu gehört die Pflege des Kontakts zu den örtlichen Parteien, auf deren Unterstützung der Bürgermeister zurückgreifen will. Kontaktpflege sollte dabei nicht zu kurz gegriffen als Kontakt zu den Führungen der Gemeinderatsfraktionen gesehen werden, sondern auch der Besuch von Hauptversammlungen und der generelle Umgang mit der Bürgerschaft sind wichtig. Ein Bürgermeister, der in Reden und Interviews die „Parteiendemokratie" beklagt und Genehmigungen sehr restriktiv handhabt, wird sich schwer tun, engagierte ehrenamtliche Mitstreiter für seinen Wahlkampf zu finden.

V. Handlungsfeld Wahlkampf

Authentizität ist eines der wichtigsten Elemente erfolgreicher Wahlkämpfe. In den drei untersuchten Wahlkämpfen haben grundsätzlich alle Kandidaten versucht, entsprechend ihren Stärken und Schwächen aufzutreten; dies bestätigten auch die Interviewpartner quer durch die Bank. Allerdings gab es bei Einzelmaßnahmen Abweichungen hiervon, die vor allem die Plakatierung betrafen. So gab – und gibt – es eine Neigung bei Kandidaten, eigene Defizite mit Slogans überbrücken zu wollen. W. L. plakatierte etwa „Mit Herz. Für B.", wobei er die „Herz-Dimension" klar schuldig blieb. Das Herz wurde bereits im Wahlkampf 2010 verwendet, auch in der Form von Schokoladenherzen. Damals war der Kandidat allerdings in B. als Person unbekannt.

Der eher als distanzierter Oberbürgermeister aufgetretene D. S. plakatierte nach dem Schock im ersten Wahlgang „D. wählen" und versuchte damit – im Ergebnis erfolglos –, die Distanz zum Wähler zu überbrücken.

Kandidatenvorstellung

In der offiziellen Kandidatenvorstellung präsentieren sich Kandidaten der größten Versammlung der Bürgerschaft im Wahlkampf bei hohem Interesse der Medien. Die Amtsinhaber sind als Person bekannt und müssen sowohl authentisch bleiben als auch die Zuhörer mit einer klaren Botschaft überzeugen. Allein um diese Aufgabe zu meistern, sollten sich Bürgermeister in ihrer täglichen Arbeit einer ermüdenden Langatmigkeit bei Ansprachen entsagen. Die Wahrnehmung der Rede als gelungen kann auch durch organisierte Unterstützer, die verteilt im Raum klatschen, unterstützt werden.

Souveränität im Auftritt wird vorausgesetzt. Patzer und mögliche Freud'sche Versprecher wie „Böslingen" statt „B." sind dabei schwere Einbrüche.

Soziale Medien

Löffler verneint klar eine wahlentscheidende Dimension gestalterischer Elemente.[236] Dem ist isoliert betrachtet zuzustimmen. *Holzwarth* verweist

---

236 *Löffler* 2016, S. 30.

allerdings auf Studien, die Kandidaten mit höherer Attraktivität bessere Chancen zurechnen.[237]

Gute Fotos, insbesondere Kandidatenporträts, und eine gefällige Werbelinie fügen sich in das vom Kandidaten gewollte Bild einer kompetenten, strukturiert arbeitenden Führungspersönlichkeit ein. Deshalb sollte sich der Kandidat hierfür auch die erforderliche Zeit und Muße nehmen.

Die zunehmende Rolle sozialer Medien mit ihrer Betonung von Wort-/Bild-Kombinationen spricht auch dafür, dass gute Kandidatenfotos eine Minimalkomponente darstellen. Auch verweist *Holzwarth* zu Recht auf die journalistische Weisheit „Bild schlägt Text".[238] Dies bestätigt gerade auch der im Medienbereich hoch kompetent geführte Wahlkampf des Herausforderers in F.

237 *Holzwarth* 2016, S. 31–35.

238 *Holzwarth* 2016, S. 34.

H. Schlussbetrachtungen

Aus der Beschäftigung mit dem Berufsbild Bürgermeister ergibt sich, dass die Aufgabe intellektuell, körperlich und seelisch anspruchsvoll ist. Wahrscheinlich besteht in keiner anderen Funktion in einem demokratisch verfassten Gemeinwesen eine derartige Kombination aus Verantwortung und Gestaltungsmöglichkeiten. Auch mit Blick auf die vielerorts bestehende Schwierigkeit, geeignete Kandidaten für dieses Amt zu finden, scheint es daher lohnenswert zu untersuchen, wie sich die Bürgermeisterwahlen im Zeitverlauf entwickelt haben.

Durch die Auswertung der Wahlen der letzten siebzehn Jahre konnten hier einige interessante Erkenntnisse gewonnen werden. Abwahlen nehmen zu; signifikant ist auch die Zunahme von freiwilligen Amtsverzichten, die logischerweise zu Neuwahlen (im hier verwendeten Sinne des Wortes) führen. Ein Großteil der Entscheidungen fällt bereits im ersten Wahlgang und die Entscheidungen fallen in der Regel sehr deutlich aus. Dies gilt für Wiederwahlen, Abwahlen und Neuwahlen.

Der Großteil der Abwahlen findet nach einer Amtsperiode statt, ein Drittel nach 16 Jahren. Quantitativ wirksame Einflussfaktoren konnten hierzu nicht identifiziert werden. Hier könnten weitere Untersuchungen Anknüpfungspunkte liefern, z. B. über die Auswirkungen von Schulschließungen oder einem Rückgang des örtlichen Einzelhandels, des Arbeitsplatzangebots vor Ort und ähnlichen Fragestellungen, die mit der Daseinsvorsorge und der nachhaltigen Zukunftssicherung von Kommunen verknüpft sind. Der Hauptteil des Untersuchungszeitraums liegt in wirtschaftlich prosperierenden Zeiten; auch die Finanzkrise 2008 wirkte sich auf die grundsätzlich leistungsfähigen baden-württembergischen Kommunen eher durch Investitionsprogramme von Bund und Land aus. Fraglich ist, welchen Einfluss geänderte wirtschaftliche Rahmenbedingungen nach Corona und der Energiekrise auf künftige Wahlen haben werden.

Ein gut geplantes Vorgehen empfiehlt sich für Herausforderer wie für Amtsinhaber. Das Drei-Phasen-Modell zeigt, dass Kandidaten sowohl Analyse und Planung vor der heißen Wahlkampfphase abschließen sollten, da Defizite in einer späteren Phase kaum mehr aufgefangen werden können.

Die drei Fallstudien haben ergeben, dass der Versuch, eine Leistungsbilanz „für sich" sprechen zu lassen, angesichts gut vorbereiteter Gegenkandidaten mit klarer Wahlkampfstrategie zum Scheitern verurteilt ist. Um Abwahlen zu vermeiden, sollten amtierende Bürgermeister ihren inhärenten Startvorteil und ihren Informationsvorsprung für die Wahlvorbereitung nutzen, frühzeitig mögliche offene Flanken identifizieren, privat ein Budget zur Seite legen sowie frühzeitig auf mögliche Unterstützer und Multiplikatoren zugehen. Herausforderer können ihre Vorteile in Bezug auf Projektion und Identifikation besser nutzen und genießen im Wahlkampf mehr argumentative und stilistische Freiheiten.

Diese Ausführungen sollten nicht als Plädoyer dafür verstanden werden, dass Kommunalpolitik dem kurzfristigen Denken rein in Wahlzyklen unterworfen werden soll. Auch lebt die Demokratie ganz grundsätzlich vom Wechsel; die ermittelten Abwahlzahlen deuten daher auch nicht auf eine fortschreitende Destabilisierung des kommunalpolitischen Systems hin. Vielleicht kann dieses Buch einige Fingerzeige dafür geben, um den individuell als bitter empfundenen Kelch der Wahlniederlage an Kandidaten vorübergehen zu lassen.

Literaturverzeichnis

Abberger, Klaus (2013): Bürgermeister – was tun gegen die Bewerberflaute? Wahlkampftipps – Interviews – Kurioses aus 100 Kampagnen. Stuttgart: Richard Boorberg Verlag.

Ade, Klaus (1998): Kommunalverfassungsrecht Baden-Württemberg. Kommentar. Wiesbaden: Kommunal- und Schul-Verlag (Praxis der Gemeindeverwaltung).

Almond, Gabriel / Verba, Sidney (1963): The Civic Culture: Political Attitudes and Democracy in Five Nations. Princeton, NJ: Princeton University Press.

Andersen, Uwe / Woyke, Wichard (Hrsg.) (2003): Handwörterbuch des politischen Systems der Bundesrepublik Deutschland. 5. Auflage. Bonn: Bundeszentrale für politische Bildung.

Badische Neueste Nachrichten (25.07.2021): Nach dem polarisierenden Wahlkampf: Pioch wird neuer Bürgermeister von Illingen. Online verfügbar unter https://bnn.de/pforzheim/enzkreis/illingen/nach-polarisierendem-wahlkampf-pioch-wird-neuer-buergermeister-von-illingen, zuletzt geprüft am 13.11.2022.

Badische Zeitung (02.05.2018): Bonus, Malus und die Kavallerie. Online verfügbar unter https://www.badische-zeitung.de/bonus-malus-und-die-kavallerie--152204349.html, zuletzt geprüft am 13.11.2022.

Badische Zeitung (15.07.2018): Finanzbürgermeister Breiter über Horn: „Loyalität ist keine Einbahnstraße". Online verfügbar unter https://www.badische-zeitung.de/finanzbuergermeister-breiter-ueber-horn-loyalitaet-ist-keine-einbahnstrasse--154635005.html, zuletzt geprüft am 13.11.2022.

Badische Zeitung (23.07.2018): Gegenkandidat per Anzeige im Staatsanzeiger gesucht. Online verfügbar unter https://www.badische-zeitung.de/gegen kandidat-per-anzeige-im-staatsanzeiger-gesucht, zuletzt geprüft am 16.08.2022.

Banner, Gerhard (2010): Die baden-württembergische Kommunalverfassung – ein Modell für Deutschland. In: Paul Witt und Gerhard Banner (Hrsg.): Karrierechance Bürgermeister. Leitfaden für die erfolgreiche Kandidatur. 1. Auflage. Stuttgart: Richard Boorberg Verlag, S. 13–38.

Bäuerle, Siegfried (1998): Bürgermeister. Zur Charakteristik einer interessanten Berufsgruppe. Eine empirische Untersuchung. In: Norbert Roth (Hrsg.): Position und Situation der Bürgermeister in Baden-Württemberg. Stuttgart: Kohlhammer, S. 61–101.

Bauschke, Rafael (2023): Sind Bürgermeisterwahlkämpfe zu professionalisieren? In: Erich Holzwarth (Hrsg.): Bürgermeisterwahlen gewinnen. Stuttgart: Kohlhammer, S. 55–65.

Berg-Schlosser, Dirk / Schissler, Jakob (Hrsg.) (1987): Politische Kultur in Deutschland. Wiesbaden: VS Verlag für Sozialwissenschaften.

Bertelsmann Stiftung (Hrsg.) (2021): Wer schafft's ins Kanzleramt? Ergebnisse einer repräsentativen Bevölkerungsumfrage. Online verfügbar unter https://www.bertelsmann-stiftung.de/fileadmin/files/BSt/Publikationen/GrauePublikationen/ZD_Polittalk_Wer_schafft_s_ins_Kanzleramt.pdf, zuletzt geprüft am 16.08.2023.

Bietigheimer Zeitung (14.01.2014): Roland Zeller tritt wieder an.

Bogumil, Jörg / Holtkamp, Lars (Hrsg.) (2016): Kommunale Entscheidungsstrukturen in Ost- und Westdeutschland. Wiesbaden: Springer Fachmedien.
Bogumil, Jörg / Holtkamp, Lars / Junkernheinrich, Martin / Wagschal, Uwe (2014): Ursachen kommunaler Haushaltsdefizite. In: Politische Vierteljahresschrift 55 (4), S. 614–647.

Brachat-Schwarz, Werner (2006): Die Gemeinden Baden-Württembergs nach Größenklassen – gibt es signifikante Strukturunterschiede? In: Statistisches Monatsheft (8), S. 47–51. Online verfügbar unter https://www.statistik-bw.de/Service/Veroeff/Monatshefte/PDF/Beitrag06_08_11.pdf, zuletzt geprüft am 16.08.2023.

Brachat-Schwarz, Werner (2015): Kommunen haben im Schnitt 4.664 Einwohner. Baden-Württemberg: Einwohnerstärkste Kommunen im Landkreis Karlsruhe – Kleinste Gemeinden im Landkreis Tuttlingen. Stuttgart: Statistisches Landesamt. Online verfügbar unter https://www.statistik-bw.de/Presse/Pressemitteilungen/2015056, zuletzt geprüft am 08.11.2022.

Brettschneider, Frank (2002): Spitzenkandidaten und Wahlerfolg: Personalisierung – Kompetenz – Parteien. Ein internationaler Vergleich. Wiesbaden: Westdeutscher Verlag.

BUND Regionalverband Südlicher Oberrhein (2018): AKW – KKW – Wyhl Chronik: 47 Jahre! Widerstand im Wyhler Wald, in Kaiseraugst, Marckolsheim und Gerstheim. Online verfügbar unter http://www.bund-rvso.de/wyhl-chronik.html, zuletzt geprüft am 16.08.2023.

Bytzek, Evelyn (Hrsg.) (2011): Der unbekannte Wähler? Mythen und Fakten über das Wahlverhalten der Deutschen. Frankfurt: Campus Verlag.

Clausewitz, Carl von (1990) [1832]: Vom Kriege. Ungekürzter Text. Das philosophische Standardwerk über Strategie und Taktik. Augsburg: Weltbild Verlag.

Decker, Frank / Lewandowsky, Marcel / Solar, Marcel (2013): Demokratie ohne Wähler? Neue Herausforderungen der politischen Partizipation. Bonn: Dietz.

Die Welt (12.03.2015): Wie dem Guerilla-Kandidaten ein Wahlcoup gelang. Online verfügbar unter https://www.welt.de/politik/deutschland/article 138353408/Wie-dem-Guerilla-Kandidaten-ein-Wahlcoup-gelang.html, zuletzt geprüft am 13.11.2022.

Die Zeit (06.05.2018): Angezählt. Online verfügbar unter https://www.zeit.de/politik/deutschland/2018-05/gruene-baden-wuerttemberg-dietersalomon-wahlen-oberbuergermeister-freiburg, zuletzt geprüft am 13.11.2022.

Die Zeit (30.10.1959): Theodor Eschenburg: Eine Lanze für die „Rathausparteien". Online verfügbar unter https://www.zeit.de/1959/44/eine-lanze-fuer-die-rathausparteien, zuletzt geprüft am 13.11.2022.

Dornheim, Andreas / Greiffenhagen, Sylvia (Hrsg.) (2003): Identität und politische Kultur. Hans-Georg Wehling zum Fünfundsechzigsten. Stuttgart: Kohlhammer.

Ebinger, Falk (2016): Kommunale Entscheidungsstrukturen in Baden-Württemberg. In: Jörg Bogumil und Lars Holtkamp (Hrsg.): Kommunale Entscheidungsstrukturen in Ost- und Westdeutschland. Wiesbaden: Springer Fachmedien Wiesbaden, S. 117–138.

Eilfort, Michael (1994): Die Nichtwähler. Paderborn: Schöningh.

Eilfort, Michael (2003): Politische Partizipation und politische Kultur in Deutschland und seinen Regionen: Wandel wie Kontinuität. In: Andreas Dornheim und Sylvia Greiffenhagen (Hrsg.): Identität und politische Kultur. Hans-Georg Wehling zum Fünfundsechzigsten. Stuttgart: Kohlhammer, S. 195–202.

Eilfort, Michael (Hrsg.) (2004): Parteien in Baden-Württemberg. Stuttgart: Kohlhammer (Schriften zur politischen Landeskunde Baden-Württembergs, 31).

Entman, Robert M. (1993): Framing: Toward Clarification of a Fractured Paradigm. In: *Journal of Communication* 43 (4), S. 51–58. DOI: https://doi.org/10.1111/j.1460-2466.1993.tb01304.x.

Fleckenstein, Jürgen (2022): Rechtliche Grundsätze bei Bürgermeisterwahlen. In: Paul Witt (Hrsg.): Karrierechance Bürgermeister. 3., neu bearbeitete Auflage. Stuttgart: Richard Boorberg Verlag, S. 72–85.

Frankfurter Allgemeine Zeitung (17.05.2017): So sicher ist kaum ein Job. Bürgermeister im Ländle. Online verfügbar unter http://www.faz.net/aktuell/gesellschaft/menschen/amt-des-buergermeisters-in-badenwuerttemberg-15020548.html, zuletzt geprüft am 13.11.2022.

Frankfurter Allgemeine Zeitung (23.04.2018): Oberbürgermeister Salomon unterliegt in erster Wahlrunde. Online verfügbar unter https://www.faz.net/aktuell/politik/inland/freiburg-salomon-unterliegt-herausforderer-in-erster-runde-15555437.html, zuletzt geprüft am 13.11.2022.

Frech, Siegfried / Weber, Reinhold / Wehling, Hans-Georg / Witt, Paul (Hrsg.) (2019): Handbuch Kommunalpolitik. Stuttgart: Landeszentrale für politische Bildung Baden-Württemberg.

Frei, Thorsten (2010): Motivation zur Kandidatur und Umsetzung im Wahlkampf – eine Darstellung entlang eigener Wahlkampferfahrung. In: Paul Witt und Gerhard Banner (Hrsg.): Karrierechance Bürgermeister. Leitfaden für die erfolgreiche Kandidatur. 1. Auflage. Stuttgart: Richard Boorberg Verlag, S. 131–164.

Freund, Charlotte (2014): Professionalität in Bürgermeisterwahlkämpfen. Baden-Baden: Nomos (Kommunikation in Politik und Wirtschaft, 8).

Gabriel, Oscar W. / Brettschneider, Frank / Vetter, Angelika (Hrsg.) (1997): Politische Kultur und Wahlverhalten in einer Großstadt. Opladen: Westdeutscher Verlag (Studien zur Sozialwissenschaft, 188).

Gehne, David H. (2012): Bürgermeister. Führungskraft zwischen Bürgerschaft, Rat und Verwaltung. Stuttgart: Richard Boorberg Verlag.

Gilmore, Jim (2016): Interview mit Kellyanne Conway (Frontline Interviews). Online verfügbar unter https://www.pbs.org/wgbh/pages/frontline/interactive/trumps-road-whitehouse-frontline-interviews/transcript/kellyanne-conway.html, zuletzt geprüft am 13.11.2022.

Greiffenhagen, Sylvia (1987): Auf den Spuren einer ehemaligen Reichsstadt. In: Dirk Berg-Schlosser und Jakob Schissler (Hrsg.): Politische Kultur in Deutschland. Wiesbaden: VS Verlag für Sozialwissenschaften, S. 267–274.

Haaf, Katharina (2018): Der städtische Haushalt 2018 im Überblick. Hrsg. v. Stadt Böblingen. Online verfügbar unter https://www.boeblingen.de/site/Boeblingen-Responsiv/get/params_E1341349927/14903243/St%C3%A4dtischer%20Haushalt%20im%20%C3%9Cberblick.pdf, zuletzt geprüft am 10.09.2018.

Hin, Monika / Michel, Nicole (2004): Vorläufige Ergebnisse der Kommunalwahlen 2004 in Baden- Württemberg. In: Statistisches Monatsheft (9), S. 8–13, zuletzt geprüft am 08.11.2022.

Hinderer, Rainer (2020): Plenarrede im Landtag von Baden-Württemberg. In: Landtag von Baden-Württemberg (Hrsg.): Plenarprotokoll 16/129 vom 15.10.2020, S. 8095. Online verfügbar unter https://www.landtag-bw.de/files/live/sites/LTBW/files/dokumente/WP16/Plp/16_0129_15102020.pdf#page=56, zuletzt geprüft am 13.11.2022.

Hoecker, Markus (2005): Die Oberbürgermeisterwahl in Stuttgart 1996. Parteipolitik und Wahlkampfstrategie: Die kommunale Persönlichkeitswahl im Spannungsfeld der modernen Parteiendemokratie – eine Einzelfallstudie. Dissertation, Universität Stuttgart.

Holtkamp, Lars (2008): Kommunale Konkordanz- und Konkurrenzdemokratie. Wiesbaden: VS Verlag für Sozialwissenschaften.

Holtkamp, Lars (2012): Parteieneinfluss in der Kommunalpolitik. In: Barbara Remmert (Hrsg.): Die Zukunft der kommunalen Selbstverwaltung. Stuttgart: Kohlhammer (Schriften zur politischen Landeskunde Baden-Württembergs, Bd. 39), S. 117–129.

Holzwarth, Erich (Hrsg.) (2023): Bürgermeisterwahlen gewinnen. Stuttgart: Kohlhammer.

Holzwarth, Erich (2016): Erfolgsfaktoren für Oberbürgermeisterwahlen. Norderstedt: Books on Demand.

Huzel, Vinzenz (2019): Bürgermeisterinnen und Bürgermeister in Baden-Württemberg. Baden-Baden: Nomos.

Huzel, Vinzenz (2023): Das Bürgermeisteramt im Umbruch – Kandidierende früher und heute. In: Erich Holzwarth (Hrsg.): Bürgermeisterwahlen gewinnen. Stuttgart: Kohlhammer, S. 41–54.

Jäckl, Martin / Lindemann, Ralf (2016): Die Versorgung der Bürgermeister. Vortrag beim Bürgermeisterverband BW in Herrenberg am 3. Juni 2016. Hrsg. v. Kommunaler Versorgungsverband Baden-Württemberg (KVBW).

Kehle, Roger (2010): Rechtliche Grundsätze bei Bürgermeisterwahlen, Wahlanfechtungen und sonstige wichtige Rechtsvorschriften. In: Paul Witt und Gerhard Banner (Hrsg.): Karrierechance Bürgermeister. Leitfaden für die erfolgreiche Kandidatur. 1. Auflage. Stuttgart: Richard Boorberg Verlag, S. 91–108.

Kern, Timm (2008): Warum werden Bürgermeister abgewählt? Eine Studie aus Baden-Württemberg über den Zeitraum von 1973 bis 2003. 2. Auflage. Stuttgart: Kohlhammer.

Kern, Timm (2012): Wie man Bürgermeister bleibt und wie man sein Amt verliert. In: Barbara Remmert (Hrsg.): Die Zukunft der kommunalen Selbstverwaltung. Stuttgart: Kohlhammer (Schriften zur politischen Landeskunde Baden-Württembergs, Bd. 39), S. 78–89.

Kersting, Norbert (2014): Wahlrecht auf dem Prüfstand – Kumulieren und Panaschieren. In: Elke Wiechmann und Jörg Bogumil (Hrsg.): Arbeitsbeziehungen und Demokratie im Wandel. Baden-Baden: Nomos, S. 303–322.

Kevenhörster, Paul (Hrsg.) (1976): Kommunales Wahlverhalten. Unter Mitarbeit von Horst Kanitz. Bonn: Eichholz (Studien zur Kommunalpolitik, 4).

KGSt (o. J.): Größenklassen der KGSt. Online verfügbar unter https://www.kgst.de/groessenklassen, zuletzt geprüft am 13.11.2022.

Klein, Alexandra (2013): Bürgermeisterwahlen in Baden-Württemberg. Wahlbeteiligung, Wahltypen und Sozialprofil. Stuttgart: Kohlhammer.

Knemeyer, Franz-Ludwig (1998): Rechtsstellung und Bedeutung des Bürgermeisters in der dualen Rat-Bürgermeister-Verfassung. In: Norbert Roth (Hrsg.): Position und Situation der Bürgermeister in Baden-Württemberg. Stuttgart: Kohlhammer, S. 22–39.

Korte, Karl-Rudolf (2010): Strategie und Regierung: Politikmanagement unter den Bedingungen von Komplexität und Unsicherheit. In: Joachim Raschke und Ralf Tils (Hrsg.): Strategie in der Politikwissenschaft. Wiesbaden: VS Verlag für Sozialwissenschaften, S. 211–231.

Korte, Karl-Rudolf / Fröhlich, Manuel (2009): Politik und Regieren in Deutschland: Strukturen, Prozesse, Entscheidungen. 3., überarbeitete und erweiterte Auflage. Paderborn: Schöningh.

Köser, Helmut (2000): Der Gemeinderat in Baden-Württemberg. Sozialprofil, Rekrutierung, Politikverständnis. In: Theodor Pfizer und Hans-Georg Wehling (Hrsg.): Kommunalpolitik in Baden-Württemberg. Stuttgart: Kohlhammer, S. 153–171.

Kost, Andreas (Hrsg.) (2010): Kommunalpolitik in den deutschen Ländern. Eine Einführung. 2., aktualisierte und überarbeitete Auflage. Wiesbaden: VS Verlag für Sozialwissenschaften.

Kreiszeitung Böblinger Bote (KRZ) (09.01.2018): Böblinger OB-Wahl: Die Kandidatenriege steht. Nach Bewerbungsschluss vier Interessenten für den Posten des Oberbürgermeisters der Stadt Böblingen.

Kreiszeitung Böblinger Bote (KRZ) (16.12.2017): OB Wahl Böblingen: Lützner will es wieder wissen.

Kultusministerkonferenz (o. J.): Ferienregelung. Online verfügbar unter https://www.kmk.org/service/ferien.html, zuletzt geprüft am 11.06.2023.

Landtag von Baden-Württemberg (2020): Gesetzentwurf der Fraktion der SPD. Gesetz zur Änderung des Kommunalwahlgesetzes. Drucksache 16/8546 vom 24.07.2020. Online verfügbar unter https://www.landtag-bw.de/files/live/sites/LTBW/files/dokumente/WP16/Drucksachen/8000/16_8546_D.pdf, zuletzt geprüft am 13.11.2022.

Landtag von Baden-Württemberg (Hrsg.) (2020): Plenarprotokoll 16/129 vom 15.10.2020. Online verfügbar unter https://www.landtag-bw.de/files/live/sites/LTBW/files/dokumente/WP16/Plp/16_0129_15102020.pdf, zuletzt geprüft am 13.11.2022.

Lehmbruch, Gerhard (2003): Proporzdemokratie. In: Gerhard Lehmbruch (Hrsg.): Verhandlungsdemokratie. Beiträge zur vergleichenden Regierungslehre. Wiesbaden: Westdeutscher Verlag, S. 16–58.

Lehmbruch, Gerhard (Hrsg.) (2003): Verhandlungsdemokratie. Beiträge zur vergleichenden Regierungslehre. Wiesbaden: Westdeutscher Verlag.

Lerch, David Christoph (2014): Wahlkampf in den Bundesländern. Der Einfluss der KandidatInnen und der regionalen politischen Kultur. Wiesbaden: Springer VS.

Lijphart, Arend (1995): Electoral Systems and Party Systems. A Study of Twenty-Seven Democracies, 1945–1990. Oxford: Oxford University Press.

Löffler, Berthold (2003): Politische Kultur als Teil der gesellschaftlich konstruierten Wirklichkeit. Eine theoretische Skizze. In: Andreas Dornheim und Sylvia Greiffenhagen (Hrsg.): Identität und politische Kultur. Hans-Georg Wehling zum Fünfundsechzigsten. Stuttgart: Kohlhammer, S. 127–138.

Löffler, Berthold (2004): Kommunales Wahlverhalten. In: Michael Eilfort (Hrsg.): Parteien in Baden-Württemberg. Stuttgart: Kohlhammer (Schriften zur politischen Landeskunde Baden-Württembergs, 31), S. 244–253.

Löffler, Berthold (2016): Bürgermeisterwahlkampf – Strategie und Taktik. In: Paul Witt (Hrsg.): Karrierechance Bürgermeister. Leitfaden für die erfolgreiche Kandidatur und Amtsführung. 2., neu bearbeitete Auflage. Stuttgart: Richard Boorberg Verlag, S. 26–61.

Löffler, Berthold / Rogg, Walter (1985): Determinanten kommunalen Wahlverhaltens in Baden-Württemberg. Dargestellt am Beispiel der Stadt Ravensburg. Tübingen: StuWe-Druck.

Ludwigsburger Kreiszeitung (LKZ) (14.03.2022): „Historischer Moment für Tamm“: endlich Stadt. Online verfügbar unter https://www.lkz.de/lokales/landkreis-ludwigsburg_artikel,-historischer-moment-fuer-tamm-endlich-stadt-_arid,676704.html, zuletzt geprüft am 13.11.2022.

Mannewitz, Tom (2016): Die Analyse regionaler politischer Kultur. Stärken und Schwächen der Forschung. In: Nikolaus Werz und Martin Koschkar (Hrsg.): Regionale politische Kultur in Deutschland. Fallbeispiele und vergleichende Aspekte. Wiesbaden: Springer VS, S. 23–45.

Moeckli, Silvano (2017): So funktioniert Wahlkampf. Konstanz: UVK (UTB Politikwissenschaft, 4868).

Moeller, Achim / Jungblut, Gwendolin (2015): Wahlen gewinnen. Komplexität durchdringen, Strategie entwickeln, Begeisterung entfachen. Schwäbisch Hall: pVS (Edition der Gemeinderat).

Naßmacher, Hiltrud / Naßmacher, Karl-Heinz (2007): Kommunalpolitik in Deutschland. 2., völlig überarbeitete und aktualisierte Auflage. Wiesbaden: VS Verlag für Sozialwissenschaften.

Niedermayer, Oskar / von Beyme, Klaus (Hrsg.) (1996): Politische Kultur in Ost- und Westdeutschland. Wiesbaden: VS Verlag für Sozialwissenschaften.

Niemann, Friederike-Sophie / Geißler, René (09.08.2017): Kommunen in Baden-Württemberg schreiben weiterhin schwarze Zahlen. Online verfügbar unter https://www.bertelsmann-stiftung.de/fileadmin/files/Projekte/79_Nachhaltige_Finanzen/regional-PM_BADEN-WUERTTEMBERG_20170809.pdf, zuletzt geprüft am 13.11.2022.

Nohlen, Dieter (2009): Wahlrecht und Parteiensystem. Zur Theorie und Empirie der Wahlsysteme. 6., überarbeitete und aktualisierte Auflage. Opladen: Barbara Budrich (utb-studi-e-book, 1527).

Nürtinger Zeitung (2011): Vorläufiges Ergebnis der Stichwahl. Online verfügbar unter http://ob-wahl.ntz.de/index.php?id=32, zuletzt geprüft am 11.06.2023.

Panse, Pascal (22.10.2017): CDU-Fraktionen unterstützen Wiederkandidatur von Oberbürgermeister [W. L.]. Presseerklärung [B.]. Online verfügbar unter http://www.cdu-gemeinderatsfraktion-bb.de/2017/10, zuletzt geprüft am 13.11.2022.

Pautsch, Arne (2017a): Kommentierung zu § 24 GemO. In: Klaus Ade: Kommunalverfassungsrecht Baden-Württemberg. Kommentare. Wiesbaden: Kommunal- und Schul-Verlag (Praxis der Gemeindeverwaltung).

Pautsch, Arne (2017b): Kommentierung zu § 32a GemO. In: Klaus Ade: Kommunalverfassungsrecht Baden-Württemberg. Kommentare. Wiesbaden: Kommunal- und Schul-Verlag (Praxis der Gemeindeverwaltung).

Pfizer, Theodor / Wehling, Hans-Georg (Hrsg.) (1985): Kommunalpolitik in Baden-Württemberg. Landeszentrale für Politische Bildung Baden-Württemberg. Stuttgart: Kohlhammer (Schriften zur politischen Landeskunde Baden-Württembergs, 11).

Pfizer, Theodor / Wehling, Hans-Georg (Hrsg.) (2000): Kommunalpolitik in Baden-Württemberg. 3., völlig überarbeitete und erweiterte Auflage. Stuttgart: Kohlhammer (Schriften zur politischen Landeskunde Baden-Württembergs, 11).

Pickel, Gerd (2016): Empirische Befunde zur regionalen politischen Kultur. In: Nikolaus Werz und Martin Koschkar (Hrsg.): Regionale politische Kultur in Deutschland. Fallbeispiele und vergleichende Aspekte. Wiesbaden: Springer VS, S. 45–74.

Pierson, Paul (2000): Increasing Returns, Path Dependence, and the Study of Politics. In: The American Political Science Review 94 (2), S. 251–267. DOI: https://doi.org/10.2307/2586011.

Plate, Klaus / Schulze, Charlotte / Fleckenstein, Jürgen (2018): Kommunalrecht Baden- Württemberg. 8. Auflage. Stuttgart: Kohlhammer.

Pressestelle Innenministerium Baden-Württemberg (31.03.2020): Erlass des Innenministeriums zu kommunalen Wahlen. Online verfügbar unter https://www.baden-wuerttemberg.de/de/service/presse/pressemitteilung/pid/erlass-des-innenministeriums-zu-kommunalen-wahlen-1, zuletzt geprüft am 13.11.2022.

Raschke, Joachim / Tils, Ralf (Hrsg.) (2010): Strategie in der Politikwissenschaft. Wiesbaden: VS Verlag für Sozialwissenschaften.

RedaktionsNetzwerk Deutschland (19.11.2020): Bürgermeisterin ohne Gegenkandidat scheitert bei Wahl – jetzt wird neu gewählt. Online verfügbar unter https://www.rnd.de/politik/ohne-gegenkandidat-burgermeisterin-scheitert-bei-wahl-QD25WA2JHSAAPWUYD7JKTMCN2M.html, zuletzt geprüft am 13.11.2020.

Remmert, Barbara (Hrsg.) (2012): Die Zukunft der kommunalen Selbstverwaltung. Stuttgart: Kohlhammer (Schriften zur politischen Landeskunde Baden-Württembergs, Bd. 39).

Reutlinger Generalanzeiger (29.03.2008): Landrat schickt Waibel in Rente. Online verfügbar unter https://www.gea.de/neckar-alb/ueber-die-alb_artikel,-landrat-schickt-waibel-in-rente-_arid,471697.html, zuletzt geprüft am 16.08.2023.

Rohe, Karl (1987): Politische Kultur und der kulturelle Aspekt von politischer Wirklichkeit. In: Dirk Berg-Schlosser und Jakob Schissler (Hrsg.): Politische Kultur in Deutschland. Wiesbaden: VS Verlag für Sozialwissenschaften, S. 39–38.

Rohe, Karl (1990): Politische Kultur und ihre Analyse. In: Historische Zeitschrift 250 (1), S. 321–346. DOI: https://doi.org/10.1524/hzhz.1990.250.jg.321.

Rohe, Karl (1996): Politische Kultur: Zum Verständnis eines theoretischen Konzepts. In: Oskar Niedermayer und Klaus von Beyme (Hrsg.): Politische Kultur in Ost- und Westdeutschland. Wiesbaden: VS Verl. für Sozialwissenschaften, S. 1–21.

Rohe, Karl (2003): Politische Kultur und ihre Analyse. In: Andreas Dornheim und Sylvia Greiffenhagen (Hrsg.): Identität und politische Kultur. Hans-Georg Wehling zum Fünfundsechzigsten. Stuttgart: Kohlhammer, S. 110–126.

Roth, Norbert (Hrsg.) (1998): Position und Situation der Bürgermeister in Baden-Württemberg. Stuttgart: Kohlhammer.

Sarcinelli, Ulrich (2003): Wahlkampf. In: Uwe Andersen und Wichard Woyke (Hrsg.): Handwörterbuch des politischen Systems der Bundesrepublik Deutschland. 5. Auflage. Bonn: Bundeszentrale für politische Bildung, S. 659–652.

Sarcinelli, Ulrich (2010): Strategie und politische Kommunikation. Mehr als die Legitimation des Augenblicks. In: Joachim Raschke und Ralf Tils (Hrsg.): Strategie in der Politikwissenschaft. Wiesbaden: VS Verlag für Sozialwissenschaften, S. 267–298.

Schäfer, Armin (2011): Der Nichtwähler als Durchschnittsbürger: Ist die sinkende Wahlbeteiligung eine Gefahr für die Demokratie? In: Evelyn Bytzek (Hrsg.): Der unbekannte Wähler? Mythen und Fakten über das Wahlverhalten der Deutschen. Frankfurt: Campus Verlag, S. 133–154.

Scharpf, Fritz W. (1999): Regieren in Europa: Effektiv und demokratisch? Frankfurt: Campus Verlag.

Schimanke, Dieter (Hrsg.) (1989): Stadtdirektor oder Bürgermeister. Beiträge zu einer aktuellen Kontroverse. Wiesbaden: VS Verlag für Sozialwissenschaften (Stadtforschung aktuell, 23).

Schmidt; Manfred G. (2004): Wörterbuch zur Politik. Stuttgart: Alfred Kröner Verlag, S. 549–550.

Schneider, Herbert (Hrsg.) (2006): Landespolitik in Deutschland. Grundlagen – Strukturen – Arbeitsfelder. Wiesbaden: VS Verlag für Sozialwissenschaften.

Schuppert, Gunnar Folke (2008): Politische Kultur. Baden-Baden: Nomos.

Schwäbische Zeitung (16.01.2011): Geschafft: Fluck ist neuer Bürgermeister. Online verfügbar unter https://www.schwaebische.de/regional/tuttlingen/irndorf/geschafft-fluck-ist-neuer-buergermeister-1008861, zuletzt geprüft am 13.11.2022.

Schwäbische Zeitung (13.06.2015): Bürgermeisterwahl in Denkingen: Amtsinhaber Rudolf Wuhrer. Online verfügbar unter https://www.schwaebische.de/landkreis/landkreis-tuttlingen/spaichingen_artikel,-buergermeisterwahl-in-denkingen-amtsinhaber-rudolf-wuhrer-_arid,10249902.html, zuletzt geprüft am 16.08.2023.

Schwäbische Zeitung (13.08.2022): Unbekannte suchen Gegenkandidaten für Kressbronner Bürgermeister. Online verfügbar unter https://www.schwaebische.de/landkreis/bodenseekreis/kressbronn_artikel,-zur-buergermeisterwahl-in-kressbronn-taucht-ploetzlich-eine-anzeige-auf-_arid,11542124.html, zuletzt geprüft am 13.11.2022.

Schwarz, Thomas (2017): Bürgermeisterwahlen in Baden-Württemberg. Eine Analyse auf der Basis der Wahlen von 2010 bis 2015. In: Statistisches Monatsheft Baden-Württemberg (1). Online verfügbar unter https://www.statistik-bw.de/Service/Veroeff/Monatshefte/PDF/Beitrag17_01_06.pdf, zuletzt geprüft am 13.11.2022.

Schwarz, Thomas (2019): Bürgermeisterwahlen in Baden-Württemberg, In: Statistisches Monatsheft Baden-Württemberg 2019 (3), S. 22–46.

Schwarzwälder Bote (01.10.2018): Wahl: Hitzige Diskussionen am Podium. In: *Schwarzwälder Bote*. Online verfügbar unter https://www.schwarzwaelderbote.de/inhalt.gechingen- wahl-zwei-ebenbuertige-kandidaten.880ac224-e02c-41d6-ad21-f1fda1f3b50a.html, zuletzt geprüft am 08.11.2022.

Stadt Köln (o. J.): Lebenslauf Henriette Reker. Online verfügbar unter https://www.stadt-koeln.de/artikel/68627/index.html, zuletzt geprüft am 13.11.2022.

Statistische Bibliothek (2019): Statistische Berichte / L / II / 7. Steuereinnahmen der Gemeinden in Baden-Württemberg. Stuttgart: Statistisches Landesamt. Online verfügbar unter https://www.statistischebibliothek.de/mir/receive/BWSerie_mods_00000508, zuletzt geprüft am 12.06.2023.

Städtetag Baden-Württemberg (2016): Aktuelle Wahlumfrage des Städtetags: Wahlbeteiligung bei Bürgermeisterwahlen ging zurück (20.09.2016). Online verfügbar unter https://www.staedtetag-bw.de/Service/Presse/P-261-2016-Az-047-43-Aktuelle-Wahlumfrage-des-St%C3%A4dtetags-Wahlbeteiligung-bei-B%C3%BCrgermeister-Wahlen-ging-zur%C3%BCck-20-09-2016-.php?object=tx,3335.502.1&ModID=7&FID=2295.5940.1, zuletzt geprüft am 16.08.2023.

Steinbrecher, Markus (2019): Wahlbeteiligung. In: Thorsten Faas, Oscar W. Gabriel und Jürgen Maier (Hrsg.): Politikwissenschaftliche Einstellungs- und Verhaltensforschung. Baden-Baden: Nomos, S. 327–347.

Stenzel, Christiane (2022): Moderne Presse- und Öffentlichkeitsarbeit für KMU. Strategie, Umsetzung, Tools und Evaluation. Wiesbaden: Springer Fachmedien.

Stuttgarter Nachrichten (04.02.2019): Der Oberbürgermeister wird immer dünnhäutiger. Online verfügbar unter https://www.stuttgarter-nachrichten.de/inhalt.ludwigsburg-die-kritik-an-werner-spec-nimmt-zu-der-oberbuerger meister-wird-immer-duennhaeutiger.d9dde24c-cc19-4256-9792-2ed06aab81c9.html, zuletzt geprüft am 13.11.2022.

Stuttgarter Nachrichten (14.08.2019): Grenzstadt Eppingen: Wo die Grenze zwischen Baden und Württemberg noch spürbar ist. Online verfügbar unter https://www.stuttgarter-nachrichten.de/inhalt.grenzstadt-eppingen-wo-die-grenze-zwischen-baden-und-wuerttemberg-noch-spuerbar-ist.c5755180-2a09-47c2-8c35-ce2712d38bdf.html, zuletzt geprüft am 13.11.2022.

Stuttgarter Nachrichten (10.01.2022): Ein einziger Kandidat für OB-Posten. Online verfügbar unter https://www.stuttgarter-nachrichten.de/inhalt.wahl-in-waiblingen-ein-einziger-kandidat-fuer-ob-posten.9a3e096c-46bd-42da-86e2-ac91ebce5a03.html, zuletzt geprüft am 16.08.2023.

Stuttgarter Zeitung (03.03.2011): Abgewählt. Online verfügbar unter https://www.stuttgarter-zeitung.de/inhalt.buergermeister-der-region-abgewaehlt.a6474435-9204-4540-92aa-007786296b11.html, zuletzt geprüft am 13.11.2022.

Stuttgarter Zeitung (17.05.2013): Gewerbesteuer von Porsche geht nach Wolfsburg: Die fetten Jahre sind vorbei. Online verfügbar unter https://www.stuttgarter-zeitung.de/inhalt.gewerbesteuer-von-porsche-geht-nach-wolfsburg-die-fetten-jahre-sind-vorbei.bfe8196f-3667-4d54-9078-a67d18c9e974.html, zuletzt geprüft am 13.11.2022.

Stuttgarter Zeitung (28.09.2014): Bernhard siegt im ersten Anlauf. Online verfügbar unter https://www.stuttgarter-zeitung.de/inhalt.tamm-bernhard-siegt-im-ersten-anlauf.e0b4f691-2ea2-4a13-b91c-19b7fd1b1054.html, zuletzt geprüft am 13.11.2022.

Stuttgarter Zeitung (23.09.2014a): Der Kandidat. Chronisch unverdrossen. Online verfügbar unter https://www.stuttgarter-zeitung.de/inhalt.chronisch-unverdrossen-der-kandidat.a32f849d-c44e-4533-b045-f7a0dd18406c.html, zuletzt geprüft am 13.11.2022.

Stuttgarter Zeitung (23.09.2014b): Ziemlich beste Gegner. Online verfügbar unter https://www.stuttgarter-zeitung.de/inhalt.tamm-ziemlich-beste-gegner.e9f6d8ff-be12-423d-9822-ae3b112456b7.html, zuletzt geprüft am 13.11.2022.

Stuttgarter Zeitung (15.02.2018): Der verrückte Wahlkampf des Thomas Hornauer. Online verfügbar unter https://www.stuttgarter-zeitung.de/inhalt.rems-murr-kreis-der-verrueckte-wahlkampf-des-thomas-hornauer.6f8787b4-3563-44cb-ad23-8f1370f32d98.html, zuletzt geprüft am 13.11.2022.

Stuttgarter Zeitung (03.05.2018): Wie der Freiburger Oberbürgermeister um seinen Job kämpft. Online verfügbar unter https://www.stuttgarter-zeitung.de/inhalt.dieter-salomon-wie-der-freiburger-oberbuergermeister-um-seinen-job-kaempft.45dbc3d3-3c5b-4b15-b80e-a91a6fe3aa4c.html, zuletzt geprüft am 13.11.2022.

Stuttgarter Zeitung (16.04.2021): Auch der Fehlstart ist Chefsache. Online verfügbar unter https://www.stuttgarter-zeitung.de/inhalt.kritik-an-stuttgarts-ob-nopper-nach-corona-protesten-auch-der-fehlstart-ist-chefsache.ae5e3fe9-9a2b-4ae0-bb82-3cef576ab974.html, zuletzt geprüft am 16.08.2023.

Südkurier (16.08.2020): „Der Junge kann das": So plant Marian Schreier seinen jetzt beginnenden Stuttgarter OB-Wahlkampf. Online verfügbar unter https://www.suedkurier.de/baden-wuerttemberg/der-junge-kann-das-mit-diesem-slogan-zieht-marian-schreier-in-den-stuttgarter-ob-wahlkampf;art417930,10589470, zuletzt geprüft am 16.08.2023.

Waiblinger Kreiszeitung (05.02.2018): Kandidatin Fridi Miller im Gespräch. Wahlcheck Plüderhausen. Online verfügbar unter https://www.zvw.de/inhalt.wahl-checkpluederhausen-kandidatin-fridi- miller-im-gespraech.96fda3c3-034e-428b-a012-07efb6d00370.html, zuletzt geprüft am 13.11.2022.

Wehling, Hans-Georg (1987): Die Bedeutung regionaler Politischer Kultur-Forschung unter besonderer Berücksichtigung Württembergs. In: Dirk Berg-Schlosser und Jakob Schissler (Hrsg.): Politische Kultur in Deutschland. Wiesbaden: VS Verlag für Sozialwissenschaften (18/1987), S. 259–266.

Wehling, Hans-Georg (Hrsg.) (1994a): Kommunalpolitik in Europa. Stuttgart, Berlin, Köln: Kohlhammer (Kohlhammer-Taschenbücher Bürger im Staat, 1115).

Wehling, Hans-Georg (1994b): Wer wird gewählt? Gemeinderat – Das Ansehen des Bewerbers entscheidet. In: BWGZ 16, S. 565–568.

Wehling, Hans-Georg (Hrsg.) (1995): Oberschwaben. Landeszentrale für Politische Bildung Baden-Württemberg. Stuttgart, Berlin, Köln: Kohlhammer (Schriften zur politischen Landeskunde Baden-Württembergs, 24).

Wehling, Hans-Georg (1999): Kommunale Direktwahl zwischen Persönlichkeitswahl und Parteientscheidung. In: Konrad-Adenauer-Stiftung (Hrsg.): Materialien für die Arbeit vor Ort. Online verfügbar unter https://www.kas.de/documents/252038/253252/7_dokument_dok_pdf_3514_1.pdf/98bc53c2-e8ed-443c-3185-aa438d5e3347?version=1.0&t=1539667216154, zuletzt geprüft am 16.08.2023.

Wehling, Hans-Georg (2000): Der Bürgermeister. Rechtsstellung, Sozialprofil, Funktionen. In: Theodor Pfizer und Hans-Georg Wehling (Hrsg.): Kommunalpolitik in Baden-Württemberg. 3., völlig überarbeitete und erweiterte Auflage. Stuttgart: Kohlhammer, S. 172–186.

Wehling, Hans-Georg (2004): Politische Kultur. In: Michael Eilfort (Hrsg.): Parteien in Baden-Württemberg. Stuttgart: Kohlhammer (Schriften zur politischen Landeskunde Baden-Württembergs, 31), S. 201–218.

Wehling, Hans-Georg (2006): Föderalismus und politische Kultur in der Bundesrepublik Deutschland. In: Herbert Schneider (Hrsg.): Landespolitik in Deutschland. Grundlagen – Strukturen – Arbeitsfelder. Wiesbaden: VS Verlag für Sozialwissenschaften, S. 87–107.

Wehling, Hans-Georg (2010): Kommunalpolitik in Baden-Württemberg. In: Andreas Kost (Hrsg.): Kommunalpolitik in den deutschen Ländern. Eine Einführung. 2., aktualisierte und überarbeitete Auflage. Wiesbaden: VS Verlag für Sozialwissenschaften, S. 19–39.

Wehling, Hans-Georg (2012): Bürgermeister. In: Barbara Remmert (Hrsg.): Die Zukunft der kommunalen Selbstverwaltung. Stuttgart: Kohlhammer (Schriften zur politischen Landeskunde Baden-Württembergs, Bd. 39), S. 61–77.

Wehling, Hans-Georg (2019): Kommunalpolitik in Baden-Württemberg. In: Siegfried Frech, Reinhold Weber, Hans-Georg Wehling und Paul Witt (Hrsg.): Handbuch Kommunalpolitik. Stuttgart: Landeszentrale für politische Bildung Baden-Württemberg, S. 9–29.

Wehling, Hans-Georg (2022): Wer wird Bürgermeister? In: Paul Witt (Hrsg.): Karrierechance Bürgermeister. Leitfaden für die erfolgreiche Kandidatur und Amtsführung. 3., neu bearbeitete Auflage. Stuttgart: Richard Boorberg Verlag, S. 13–25.

Wehling, Hans-Georg / Siewert, Hans-Jörg (1984): Der Bürgermeister in Baden-Württemberg. Theodor Eschenburg zum 80. Geburtstag am 24. Oktober 1984. Stuttgart: Kohlhammer.

Werz, Nikolaus / Koschkar, Martin (Hrsg.) (2016): Regionale politische Kultur in Deutschland. Fallbeispiele und vergleichende Aspekte. Springer Fachmedien Wiesbaden. Wiesbaden: Springer VS.

Witt, Paul (Hrsg.) (2016): Karrierechance Bürgermeister. Leitfaden für die erfolgreiche Kandidatur und Amtsführung. 2., neu bearbeitete Auflage. Stuttgart: Richard Boorberg Verlag.

Witt, Paul (Hrsg.) (2023): Karrierechance Bürgermeister. Leitfaden für die erfolgreiche Kandidatur und Amtsführung. 3., neu bearbeitete Auflage. Stuttgart: Richard Boorberg Verlag.

Witt, Paul / Banner, Gerhard (Hrsg.) (2010): Karrierechance Bürgermeister. Leitfaden für die erfolgreiche Kandidatur. Stuttgart: Richard Boorberg Verlag.